LANCIA HYENA
ZAGATO

A mia moglie Rossana e mia figlia Gaia
che in questi anni hanno sempre sopportato
con benevolenza la mia sconfinata passione
per le belle auto, passione che mi ha spesso
portato a trascurare un po' la famiglia.

To my wife Rossana and my daughter Gaia
who over the years have benevolently endured
my boundless passion for beautiful cars,
a passion that has frequently led me to neglect
my family.

Maurizio Grasso

LANCIA HYENA
ZAGATO

Una Delta all'ennesima potenza - The Ultimate Delta

GIORGIO NADA EDITORE

Giorgio Nada Editore Srl

Coordinamento editoriale/Editorial manager
Leonardo Acerbi

Redazione/Editorial
Giorgio Nada Editore

Progetto grafico e impaginazione /Graphic design and layout
Sansai Zappini

Copertina/Cover
Sansai Zappini

Traduzione/Translation
Neil Davenport

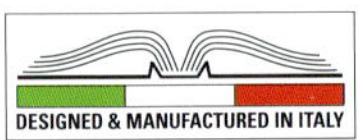

Giorgio Nada Editore
Via Claudio Treves, 15/17
I — 20090 VIMODRONE MI
Tel. +39 02 27301126
Fax +39 02 27301454
E-mail: info@giorgionadaeditore.it
http://www.giorgionadaeditore.it

Distribuzione/Distribution
Giunti Editore Spa
via Bolognese 165
I — 50139 FIRENZE
www.giunti.it

Allo stesso indirizzo può essere richiesto il catalogo di tutte le opere pubblicate dalla Casa Editrice.

The catalogue of Giorgio Nada Editore publications is available on request at the above address.

Lancia Hyena
ISBN: 978-88-7911-624-4

Augurandosi di non aver tralasciato nessuno, l'autore e l'editore desiderano ringraziare per il prezioso supporto ricevuto durante le diverse lavorazioni del libro:
In the hope that no one has been forgotten, the author and the publisher would like to thank the following for the invaluable assistance received during the preparation of this book:

Leonardo Acerbi, Giancarlo Adami, Elisabetta Ascheri, Miki Biasion, Paolo Borsalino, Paolo di Taranto, Mario Galbiati, Federico Gherra, Uli Jaeckel, Martin Kapp, Paul Koot, Roberto Loi, Andrea Marocco, Marco Pedracini, Enzo Porcino, Sacco e/*and* Feroldi della OPAC, Giorgio Schön, Alvise Marco Seno, Alberto Tagliati, Alessandro Tonolli

Un particolare ringraziamento va inoltre ad Andrea Zagato, a tutto lo Zagato Team di Rho, al Club Delt1One, agli amici del Forum "Passione Auto" e a tutti i soci e colleghi dello Zagato Car Club.
Particular thanks also go to Andrea Zagato, to all the Zagato Team at Rho, to the Club Delt1One, to my friends from the "Passione Auto" forum and all the members and colleagues from the Zagato Car Club.

Il materiale documentario e fotografico utilizzato proviene dagli archivi di:
The documentary and photographic material used was sdrawn from the following archives:

Giorgio Nada Editore, Zagato, Alvise Marco Seno, Maurizio Grasso, Marco Pedracini, Paul Koot

Sommario/Contents

Quando arrivai in Zagato ero un giovanotto di belle speranze, con una breve esperienza di design di prodotto ma con una grande passione per l'automobile.
Alla ZID trovai i consigli preziosissimi del dott. Elio, dell'ing. Gianni e soprattutto l'entusiasmo e la vulcanicità di un giovane Andrea Zagato, neolaureato, entrato da poco in azienda.
Andrea ebbe la geniale intuizione di suggerirmi che, per apprendere appieno e in breve tempo il DNA Zagato, avrei dovuto ridisegnare tutte le vetture più famose nella storia del mitico carrozziere milanese.
Con molta dedizione affrontai questo compito, estremamente utile per comprendere che una Zagato è una vettura "diversa", essenziale e funzionale, dalle linee pulite, espressione di volumi emozionali piuttosto che di orpelli e dettagli superflui.
Tra le decine di modelli che illustrai, i primi furono proprio le Lancia Zagato.
Disegnare la *Hyena* fu una naturale conseguenza di quello che incamerai con quel paziente esercizio di ricerca ed elaborazione.

Ho conosciuto l'autore di questo libro poco tempo fa; sentir parlare Maurizio della *Hyena* e del suo progetto di scrivere e dedicarle un libro con tale entusiasmo e passione mi ha trasmesso un grande piacere e una forte emozione. Aver contribuito ad aiutarlo a recuperare dagli archivi il materiale del progetto è stato molto coinvolgente. Per non parlare della possibilità che Maurizio stesso mi ha dato di guidare la sua *Hyena* in pista: una esperienza davvero eccitante.

Ancora oggi mi emoziona vedere una *Hyena* sfrecciare in strada in mezzo alle automobili "normali". Ancora oggi sono grato ad Andrea per aver creduto in quel progetto.
E sempre oggi ringrazio di cuore Maurizio per questa splendida iniziativa.

Marco Pedracini

When I joined Zagato I was a young man eager to make a start in life, with a little experience in product design but a great passion for cars.
At ZID I received invaluable advice from Dott. Elio and Ing. Gianni and above all encountered the enthusiasm and volcanic dynamism of a young Andrea Zagato who had recently joined the company.
Andrea had the fantastic idea of suggesting to me that if I wanted to get to know the very essence of the Zagato DNA I should draw all the most famous cars in the history of the legendary Milan coachbuilder.
With great dedication I undertook this task, which proved to be extremely useful in illustrating that a Zagato is "different", essential and functional, with clean lines, the expression of emotional volumes rather than superfluous decoration and details.
Among the dozens of models I drew, the first were actually the Lancia Zagatos.
Designing the *Hyena* was a natural consequence of what I had absorbed in that patient exercise of research and processing.

I met the author of this book not long ago; listening to Maurizio talking about the *Hyena* and his project for writing a book about it with such enthusiasm and passion gave me great pleasure and aroused intense emotions. Helping him recover materials from the project buried in the archives was highly involving. Not to speak of the chance Maurizio himself gave me of driving his *Hyena* on the track: a truly exciting experience.

Still today I get a thrill from seeing a *Hyena* speeding along the roads in the midst of "normal" cars. Still today I am grateful to Andrea for having believed in that project.
And again today I would like to sincerely thank Maurizio for this splendid invitation.

Marco Pedracini

Parlare della *Hyena* significa ripercorrere tutta la nascita, la crescita e la consacrazione della Delta Integrale, che considero una figlia. Non solo perché mi ha regalato due Campionati del mondo ma anche perché ho avuto il privilegio di curarne lo sviluppo. Quando la FIA, nel 1986, eliminò il Gruppo B per creare il Gruppo A con vetture derivate dalla serie, per la Fiat la Delta rappresentava l'unica scelta possibile, la sola auto da cui derivare una nuova macchina da corsa. Non fu facile. Insieme a Giorgio Pianta ricominciammo da capo e con un difficile obbiettivo: dimenticarci la Delta S4, con 600 CV e 900 chili, partire da una meccanica con 400 kg in più e meno potenza, sviluppare le quattro ruote motrici e ottenere un'auto vincente. Nonostante le difficoltà e i compromessi, debuttai con la Delta Integrale al rally di Monte Carlo 1987 e portai la macchina al successo. Fu l'inizio di un'avventura straordinaria, che portò alla Lancia sei titoli Costruttori consecutivi.

La Delta Integrale da strada, sulla quale Zagato ha realizzato la *Hyena*, è stata un'auto eccezionale. Le sue progenitrici, la Delta 4WD o la prima Delta Integrale, erano auto piuttosto complesse a causa della distribuzione dei pesi non ottimale, con la maggior parte del carico sull'anteriore. Ma grazie al continuo interscambio di esperienze con la macchina da corsa, l'Integrale 16v EVO divenne una vera purosangue, con 220 CV e una trasmissione molto sofisticata grazie al giunto viscoso centrale.

La *Hyena* sfruttò tutto il meglio della meccanica della Delta con un design inconfondibilmente Zagato: razionalista e funzionalista. Il passaggio Delta-*Hyena* ricorda, dal punto di vista stilistico, l'evoluzione da Delta S4 a ECV2. La *Hyena* ha avuto, già alla nascita, un grandissimo potenziale sportivo: leggerezza, aerodinamicità, potenza, trazione. Nella pura tradizione della carrozzeria Zagato, avrebbe potuto essere una Delta da corsa all'ennesima potenza.

Miki Biasion

Talking about the *Hyena* entails going into the birth, growth and consecration of the Delta Integrale, which I consider to be a daughter. Not just because it brought me two World Championships, but also because it was my privilege to contribute to its development. When the FIA eliminated Group B in 1986 in favour of Group A with cars derived from production models, for Fiat the Delta represented the only possible choice, the only car on which to base a new competition machine. It was not easy. Together with Giorgio Pianta we started over from scratch and with a difficult objective: getting over the Delta S4 with its 600 hp and 900 kg, coping with running gear weighing an extra 400 kg and less power, developing the four-wheel drive and coming up with a winning car. Despite the difficulties and the compromises, I debuted with the Delta Integrale in the 1987 Monte Carlo Rally and drove the car to victory. This was the beginning of a remarkable adventure that brought Lancia six consecutive constructors' titles.

The road-going Delta Integrale on which Zagato based the *Hyena* was an exception car. Its forebears, the Delta 4WD or the first Delta Integrale, were rather complex machines due to the less than optimal weight distribution, with a greater loading on the front end. Thanks, however, to the continual trickle down of experience from the competition version, the Integrale 16V Evo developed into a true thoroughbred, with 220 hp and very sophisticated transmission thanks to the central viscous coupling.

The *Hyena* exploited the best of the Delta mechanical specification with unmistakeably Zagato styling: rationalist and functionalist. The Delta-*Hyena* passage recalled, from a styling point of view, the evolution from the Delta S4 to the ECV2. From the outset the *Hyena* had enormous sporting potential: lightness, aerodynamics, power, traction. In the purest Zagato coachbuilding tradition, it could have been the ultimate competition Delta.

Miki Biasion

MARTINI
LANCIA MARTINI
MICHELIN
MARTINI
MICHELIN
MICHELIN
totip
1
MARTINI

Introduzione

Si può migliorare ciò che è già perfetto?

Questa è la domanda che si saranno fatti i tecnici, i meccanici e le maestranze che si apprestavano a realizzare un sogno, il sogno meraviglioso di due persone che non volevano lasciar finire nel nulla una carriera agonistica splendida, suggellata dalla vittoria di ben sei Campionati Mondiali Rally Costruttori consecutivi (dal 1987 al 1992) e quattro Campionati Mondiali Rally Piloti, due con Juha Kankkunen (1987 e 1991) e due con Miki Biasion (1988 e 1989).

Stiamo parlando della carriera folgorante, mai eguagliata da nessun'altra auto, della mitica Lancia Delta Integrale.

Queste persone sono l'olandese Paul Koot (profondo conoscitore ed appassionato di auto, allora responsabile dell'officina di riparazione Lancia in Olanda) e il grande carrozziere Andrea Zagato. Più di vent'anni fa, idearono e misero tutto il loro entusiasmo e la loro professionalità per realizzare, inizialmente in serie limitata, ma con un enorme potenziale di sviluppo, un veicolo esclusivo e particolare: la *Hyena*, fra le più belle creature della storia dell'automobile.

È un peccato che questo sogno sia stato interrotto prematuramente: la direzione Fiat-Lancia gli preferì la K Coupé e della *Hyena*, non a caso, furono prodotti solo 24 esemplari.

Chi scrive questo libro non è un tecnico né tantomeno un designer dell'automobile, ma è un fan appassionato, un piccolo collezionista che negli anni ha raccolto tutta la bibliografia possibile su questo capolavoro chiamato *Hyena* e che, alla fine, è riuscito a realizzare il meraviglioso sogno di averne una posteggiata nel proprio garage.

Questo volume è dedicato, quindi, a tutti gli appassionati, a coloro che hanno solo sentito parlare della *Hyena* e vorrebbero vederne una, a coloro che quando vedono passare una mitica Lancia Delta si voltano ad ammirarla, a coloro che stavano svegli tutta la notte per andare, magari sotto la pioggia o la neve, a veder passare Miki (Biasion) e Tiziano (Siviero) durante un rally, a coloro che credono che la bellezza di un'auto stia senza dubbio fuori, nel design, ma anche e soprattutto dentro, nel DNA sportivo che si crea inevitabilmente con un ricco palmarès di vittorie.

Sarà un piacere condividere con voi appassionati tutte le informazioni e le immagini curiose, interessanti e molto spesso inedite che Paul Koot ed Andrea Zagato mi hanno gentilmente fornito in questi anni.

A queste persone va tutta la mia riconoscenza perché, grazie alla loro disponibilità, è oggi possibile conoscere molto meglio la *Hyena*, un'icona che si pone senza dubbio tra le pietre miliari nella storia dell'automobile.

Maurizio Grasso

Introduction

Can one improve on perfection?

This would have been the question asked by the engineers, the mechanics and the workers about to realise a dream, the fabulous dream of two men unwilling to let fade away a magnificent competition career studded with no less than six consecutive World Rally Championship Constructors' titles (from 1987 to 1992) and four World Rally Championship Drivers' titles, two with Juha Kankkunen (1987 and 1991) and two with Miki Biasion (1988 and 1989).

We are talking about the stunning career, never equalled by any other car, of the legendary Lancia Delta Integrale.

Those two men were the great Dutch car connoisseur and enthusiast, then head of the Lancia repair workshop in Holland, Paul Koot and the illustrious coachbuilder Andrea Zagato. Over twenty years ago they conceived and put all their enthusiasm and professionalism into constructing, initially in a limited series, but with an enormous potential for development, an exclusive, very special car: the *Hyena*, one of the most beautiful creatures in automotive history.

It was a pity that this dream was prematurely interrupted: the then powers that be at Fiat-Lancia preferred the K Coupé and only 24 examples of the *Hyena* were in fact ever built.

The author of this book is neither an engineer nor a car designer, but rather a passionate fan, a minor collector who over the years has gathered the most extensive documentation possible regarding this masterpiece known as the *Hyena* and who, in the end has finally managed to crown his dream of having one parked in his garage.

This book is therefore dedicated to all the enthusiasts, to all those who have perhaps only heard about the *Hyena* and would like to see one, to those who when they see a legendary Lancia Delta drive past turn to admire it, to those who stayed awake all night, perhaps in the rain or snow, to see Miki (Biasion) and Tiziano (Siviero) flash by during a rally, to those who believe that the beauty of a car lies without doubt in its design, but also and above all under the skin, in the sporting DNA that is inevitably created with a with such a racing heritage.

It will be a pleasure to share with you enthusiasts all the information and the curious, fascinating and in many cases previously unseen photos that Paul Koot and Andrea Zagato have kindly provided over the years.

I have to thank these two men as it is down to their generosity that today it is possible to get to know the *Hyena*, an icon that truly deserves a place among the milestones of automotive history.

Maurizio Grasso

Capitolo 1

L'origine: la Lancia Delta

Non si può parlare di *Hyena* senza pensare all'auto dalla quale questa vettura ha avuto origine, vale a dire la Lancia Delta. La Delta è l'erede di una intera gamma di modelli Lancia, maneggevoli e compatti, dalle caratteristiche tecniche avanzate, ma alla portata di tasca del ceto medio italiano: vetture che partono dall'Augusta, presentata da Vincenzo Lancia nel 1933, per passare attraverso l'Aprilia (1936) e l'Ardea (1939), apparse nella seconda metà degli anni Trenta, quindi la leggendaria Appia del 1953 ed infine la mitica Fulvia berlina (1963, uscita di produzione nel 1972).
La Lancia Delta, però, non può essere considerata diretta erede dalla Fulvia. I cambiamenti di mercato portarono la Lancia, come molte altre Case automobilistiche, ad innovare la propria gamma inserendo nuovi segmenti che, nel corso degli anni, hanno finito per accavallarsi a quelli preesistenti: infatti la Fulvia fu sostituita prima dalla Lancia Beta e poi, quando ancora la Beta era regolarmente in produzione, giunse la Delta cui, successivamente, si affiancò la Lancia Prisma. Entrambi i modelli testimoniavano l'evidente volontà

La Lancia Delta: una vettura compatta, dotata di forte personalità che, sin dai primi figurini, lascia spazio a future interpretazioni soprattutto in chiave sportiva, come mostra la scritta HF riportata sulla fiancata del figurino in basso. Si noti come l'ampia fascia che cinge l'intera mascherina anteriore sembri una soluzione analoga a quella che verrà poi adottata sulla Beta Montecarlo.

The Lancia Delta: a compact car with a strong personality that from the very first renderings, was open to new versions above all in a sporting key as revealed by the HF logo on the flank in the bottom drawing. Note how the broad band around the front grill is similar to that which was to be adopted on the Beta Montecarlo.

Chapter 1

The origins: the Lancia Delta

You cannot talk about the *Hyena* without discussing the car from which it was derived, the Lancia Delta. The Delta was the heir to an entire range of manoeuvrable and compact Lancia models with advanced features but within reach of the Italian middle class: cars that started with the Augusta, presented by Vittorio Lancia in 1933 and passing by way of the Aprilia (1936) and the Ardea (1939), which appeared in the late Thirties, through to the Appia of 1953 and the legendary Fulvia saloon (1963-1972).
The Lancia Delta, however, cannot be considered to be the direct heir to the Fulvia. Changes in the market led Lancia, in common with many other carmakers, to refresh its range with new segments that over the years have straddled the pre-existing divisions: the Fulvia was in fact replaced firstly by the Lancia Beta and then, while the Beta was still in production, by the Delta (which was itself later joined by the Prisma). Both models testified to the clear desire for growth in the mid-range that now feature two-box (the Delta) and three-volume (Beta/Prisma), models that in effect were both heirs to the Fulvia.
The internal project code given to this model was Y5. The chassis was very sophisticated for the period: independent suspension all round, with transverse arms and a longitudinal strut at the rear and for the first time on a

GAMMA
GAMMA
HF

di crescita nella fascia media che ora offriva una versione compatta a due volumi (la Delta appunto) e quella a tre volumi (Beta/Prisma), entrambe eredi della Fulvia.

Il codice di progetto interno al Gruppo Fiat per questo modello era Y5. L'autotelaio era molto sofisticato per l'epoca: le sospensioni erano a ruote indipendenti sia all'anteriore che al posteriore; quest'ultimo in particolare era dotato di braccetti trasversali e puntone longitudinale e, per la prima volta su un'auto di serie, era possibile regolare la convergenza delle ruote anche su questo assale.

Nata dalla matita di Giorgetto Giugiaro, la Delta, per molti anni, rimase una piacevole berlina media, inizialmente senza particolari velleità sportive. Già osservando le foto della prima maquette della Delta, realizzata negli stabilimenti Italdesign di Giugiaro, la linea generale rivela le caratteristiche che renderanno quest'auto inconfondibile, anche se questa prima idea subì, come è ovvio, diverse modifiche per giungere poi al design definitivo e alla versione che tutti conosciamo: una bella berlina due volumi dall'inconfondibile design squadrato ma funzionale.

Quando poi giunse il momento di scegliere il nome, si decise di restare nella tradizione Lancia, ricorrendo ad una lettera dell'alfabeto greco, la quarta, la Delta. La Lancia "δ" (il nome veniva appunto scritto con la lettera greca) fu presentata al pubblico al Salone di Francoforte del 1979 ed apparve subito un'auto equilibrata e gradevole per l'eleganza delle finiture cromate di alcuni particolari, la modernità dei paraurti anteriore e posteriore realizzati in resina poliestere rinforzata con fibre di vetro in tinta con la carrozzeria. La vettura recava parecchie innovazioni per l'epoca, come il lunotto termico dotato di tergilavalunotto, lo specchietto retrovisore esterno regolabile dall'interno, i tergicristalli a tre velocità e il volante regolabile in altezza.

Figurini a colori in scala 1:10 sempre più prossimi a quella che sarà la vettura definitiva. Il designer è impegnato su tutte le viste principali, frontale, laterale e tre quarti posteriore. Tutte queste soluzioni potrebbero senza difficoltà essere trasferite in produzione proprio in funzione della razionalità del progetto da cui prendono le mosse.

1:10 scale colour renderings ever closer to what was to be the definitive car. The designer is working through 360° with front, side and three-quarters views. All these features could quite easily be put into production given the rationalism that characterises the design.

standard production car, the convergence of the rear wheel could be adjusted.

Born out of the pencil of Giorgetto Giugiaro, for many years the Delta remained an attractive mid-range saloon, initially with no sporting pretences. In the photographs of the first mock-up of the Delta realised in the Giugiaro's Italdesign studios the general styling already reveals the features that made this car unmistakeable, even though this initial concept was naturally subjected to diverse modification before the definitive design and the version we all know was reached: a two-box saloon with unmistakeable square-cut but functional styling.

When the time came to choose a name, it was decided to remain faithful to the Lancia traditions, adopting once again a letter from the Greek alphabet, the fourth, Delta. The Lancia "δ" (the name was actually written with the Greek letter) was presented to the public during the Frankfurt Motor Show in 1979 and immediately appeared to be a well-balanced, attractive car thanks to the elegance of the chrome finish on certain details, the modernity of the body-coloured front and rear bumpers in polyester resin reinforced with fibreglass. The car brought with it a number of innovations for the era such as the heated rear screen equipped with a wiper, an external rear-view mirror adjustable from inside, three-speed windscreen wipers and a height-adjustable steering wheel.

Quality trim, decidedly attractive and modern styling and above all immediate success with the public ensured that the Delta was elected "Car of the Year 1980".

In order to understand the enormous development and above all the growth in power and performance this car enjoyed over the years, we feel that it would be appropriate to review briefly all the various versions of the Delta that Lancia introduced. At the end of this chapter a table summarizes the principal characteristics of these

Finiture di classe, linea decisamente piacevole e moderna ma soprattutto un immediato successo di pubblico fecero sì che fosse eletta "Auto dell'Anno 1980".

Per comprendere l'enorme sviluppo e soprattutto la crescita della potenza e delle prestazioni che quest'auto ha avuto nel corso degli anni, pensiamo sia utile passare in rassegna, seppur brevemente, tutte le versioni successive della Delta che la Lancia ha proposto nel corso degli anni. Alla fine di questo capitolo, una tabella riassuntiva riporta le caratteristiche principali di questi modelli, con il calcolo della potenza specifica (espressa in CV/litro) e il rapporto peso/potenza (kg/CV) di ciascun modello.

La Delta fu proposta inizialmente con due motorizzazioni 4 cilindri in linea (entrambe di origine Fiat, ma migliorate nell'alimentazione), con un albero a camme in testa e cilindri in lega leggera: la prima, quella della δ 1300, era un 1301 cc di cilindrata in grado di erogare una potenza di 75 CV (il cambio poteva essere a 4 o a 5 marce). La seconda motorizzazione (δ 1500), disponibile solo con cambio a cinque marce, era un 1498 cc di cilindrata in grado di erogare 85 CV.

Nel 1982, alle tre versioni già esistenti (1300 4 marce, 1300 5 marce, 1500) vennero affiancate le versioni 1300 LX e 1500 LX con dotazioni di serie ulteriormente migliorate, degne di vetture di rango superiore, come gli alzacristalli elettrici, le ruote in lega leggera, i vetri atermici e il sedile posteriore sdoppiato. In questo periodo, a seguito di un accordo di collaborazione tra le Case, la Delta venne commercializzata dalla Saab anche in Svezia, con la denominazione Saab-Lancia 600.

E sempre nel 1982 nacque anche la prima versione sportiva della Delta: la δ 1600 GT. Equipaggiata con un motore bialbero di 1585 cc in grado di sviluppare una potenza di 105 CV, la δ GT era dotata di quattro freni a disco con servofreno e raggiungeva una velocità massima di 180 km/h. Lo stesso modello fu poi provvisto dell'alimentazione elettronica sulla δ 1600 GT i.e. raggiungendo così una potenza massima di 108 CV. Rispetto alla versione base, la GT offriva di serie ulteriori migliorie come la strumentazione con contagiri e la possibilità di montare il condizionatore d'aria.

Al momento del debutto, nel 1979, per la Lancia Delta non erano previste versioni da competizione, dato che in ambito

Nel lungo e delicato lavoro che conduce alla nascita del nuovo modello Giugiaro alterna rapidi schizzi (si veda quello in basso a sinistra) ma già assai prossimi al risultato finale, disegni a colori in 3D che consentono di valutare l'oggetto "in movimento" e prime valutazioni sugli ingombri reali della vettura con le classiche viste quotate.

---

models, with the specific power output (expressed in hp/litre) and the power to weight ratio (kg/hp) for each car.

The Delta was initially offered with two four-cylinder in-line engines (both of Fiat origins, albeit with improved fuel feed systems), with a single overhead camshaft and light alloy cylinders: the first, that of the δ 1300, had a displacement of 1301 cc and was capable of delivering 75 hp (four- and five-speed gearboxes were available.

The second unit (δ 1500), available with the five-speed 'box only, had a displacement of 1498 cc and was good for 85 hp. In 1982, the three existing versions (1300 four-speed, 1300 five-speed, 1500) were joined by the 1300 LX and 1500 LX with improved specifications as befitting cars of a higher segment, the standard equipment including electric windows, light alloy wheels, tinted glass and a split rear seat. In this period, as a result of the collaboration between the two companies, the Delta was sold by Saab in Sweden as the Saab-Lancia 600.

1982 also saw the introduction of the first sporting version of the Delta: the δ 1600 GT. Equipped with a twin-cam 1585 cc engine producing a power output of 105 hp, the δ GT boasted servo-assisted disc brakes all round and was capable of a top speed of 180 kph. The same model was then fitted with electronic fuel injection and marketed as the δ 1600 GT i.e., with a maximum power output of 108 hp. With respect to the base version, the GT offered as standard a series of improvements such as comprehensive instrumentation including a rev counter and the possibility of fitting air conditioning.

On its debut in 1979, there were no plans for competition versions of the Lancia Delta as in the rallying world, the Fiat-Lancia's colours were being successfully defended firstly by the highly successful Fiat 131 Abarth and Lancia Stratos and then the Lancia Rally 037. As early as 1982, however, at the same time at the birth of the GT, the Turin Motor Show saw the presentation of a four-wheel driver version of the Delta, powered by the same 1585 cc engine as the GT now producing 130 hp thanks to the adoption of a turbocharger. The δ Turbo 4x4, as it was called, was

In the long and delicate process leading to the birth of the new model, Giugiaro alternated rapid sketches (for example the one bottom left) that were already very close to the final design, 3D colour renderings that allowed the object to be evaluated "in the flesh" and initial evaluations of the true volumes with the classic dimensioned drawings.

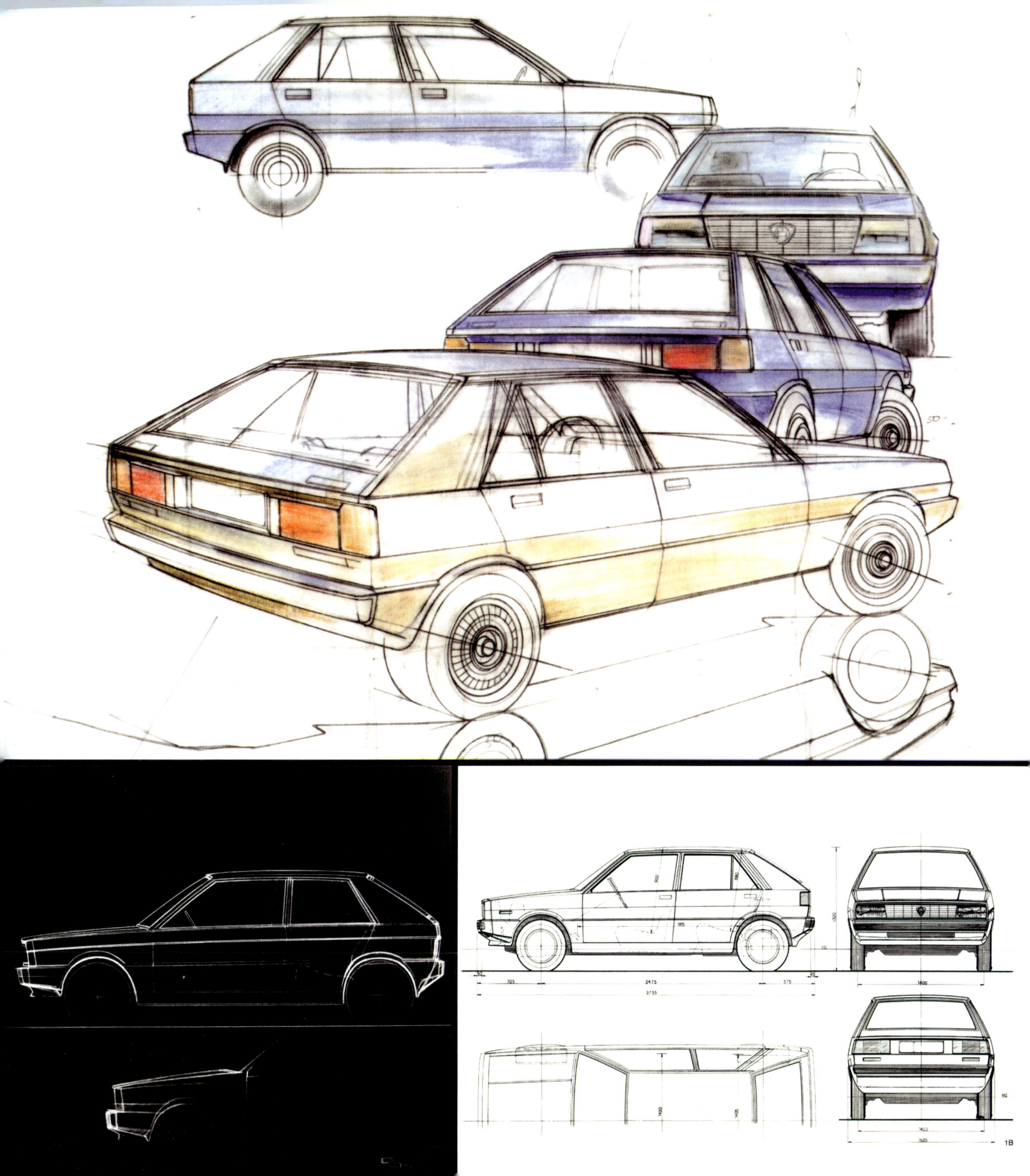
705
2475
575
3755
1400
1400
1620
1B

rallystico i colori del Gruppo Fiat-Lancia erano ottimamente difesi dalle plurivittoriose Fiat 131 Abarth e Lancia Stratos prima e dalla Lancia Rally 037 poi. Già nel 1982, però, contemporaneamente alla nascita della GT, fu presentata al Salone di Torino una versione a quattro ruote motrici della Delta, equipaggiata con lo stesso motore di 1585 cc della GT che erogava ora una potenza di 130 CV grazie all'adozione di un turbocompressore. La δ Turbo 4x4, così fu chiamata, era a tutti gli effetti la capostipite delle versioni a trazione integrale della Delta. Disponeva della meccanica del modello base ed aveva un motore 1600 cc con turbocompressore che poi verrà montato sulla HF Turbo, capace di erogare 130 CV DIN. Sul gruppo cambio-differenziale fu montato un differenziale ripartitore con presa di moto longitudinale per la trasmissione alle ruote posteriori; al ponte posteriore era poi previsto un ulteriore differenziale autobloccante. Quest'auto costituì il primo passo verso l'adozione della trazione integrale sulla Delta e, anche se restò soltanto allo stadio di prototipo marciante, si può considerare la prima vera "trisavola" della *Hyena,* nata ben dieci anni dopo.

Nel 1983, oltre ad un leggero restyling di carrozzeria alla Delta e ad alcune modifiche di carattere meccanico, fu presentata una nuova versione sportiva: la δ 1.6 HF Turbo. Esternamente molto simile alla GT, montava lo stesso motore di 1585 cc cui venne aggiunto un turbocompressore Garrett T2 raffreddato da un intercooler aria/aria e dotato di overboost. La potenza massima salì a 130 CV ed era possibile raggiungere una velocità di punta di 195 km/h, mentre con la versione HF Turbo i.e. la potenza arrivò a 140 CV, che permise alla Delta di superare per la prima volta il limite dei 200 km/h.

Nel 1985 fu la volta della δ S4, "S" come Sovralimentata, "4" come quattro ruote motrici, codice di progetto Abarth038 (era infatti successiva alla Lancia Rally, conosciuta come 037 dalla sigla del progetto). Concepita espressamente per i rally, la Delta S4, prodotta in versione stradale in soli 200 esemplari per ottenere l'omologazione nel Gruppo B, costituisce un capitolo a parte nella famiglia delle Delta a trazione integrale. Prima Lancia 4x4, fu anche la prima vettura al mondo dotata di un innovativo sistema di sovralimentazione del motore: al classico turbocompressore a gas di scarico

E si arriva così alle fasi di lavorazione del modello in gesso e del prototipo statico. Alcuni dei segni distintivi della Delta emergono a questo punto in tutta la loro chiarezza. Fra questi, il montante posteriore che ricorda appunto una "delta" maiuscola, assieme al gruppo paraurti-sottoscocca, così come la vistosa modanatura che scandisce la vista laterale, come se la vettura fosse la risultanza di due gusci sovrapposti.

---

to all intents and purposes the father of all the future all-wheel drive Deltas. It was equipped with the mechanical specification of the base model but with a 1600 cc turbocharged engine that was later to be fitted to the HF Turbo and was capable of producing 130 hp. The gearbox-differential assembly was fitted with a torque splitting viscous coupling sending drive to the rear axle where a third Torsen differential was fitted. This car constituted the first step towards adoption of four-wheel drive on the Delta and even though it remained at the rolling prototype stage, it may be considered as a forefather of the *Hyena*, which was born a full ten years later.

In 1983, along with a mild restyling of the Delta's coachwork and certain modifications of a mechanical nature, a new sporting version was introduced: the δ 1.6 HF Turbo. Externally very similar to the GT, it was powered by the same 1585 cc engine, now fitted with a Garrett T2 turbocharger cooled via an air/air intercooler and equipped with overboost. The maximum power output rose to 130 hp and it was capable of a top speed of 195 kph. In HF Turbo i.e. form the same power unit produced 140 hp, which allowed the Delta to break the 200 kph threshold for the first time.

In 1985 it was the turn of the δ S4, where the "S" stood for Sovralimentata of Supercharged and the "4" for four-wheel drive, given the project code Abarth038 (it was in fact the successor to the Lancia Rally, know as the 037 from its project code). Conceived expressly for rallying, the Delta S4, produced in road-going form in just 200 examples to obtain Group B homologation, constitutes a separate chapter in the story of the four-wheel drive Delta family. The first four-wheel drive Lancia, it was also the first car in the world equipped with an innovative supercharging system: the classic exhaust gas turbocharger was in fact combined with a volumetric supercharger. The results of this revolutionary system speak for themselves: in competition form, the S4's 1759 cc engine produced a power output of over 480 hp at 8400 rpm and offered 50 kgm of torque at 5000 rpm. The chassis was a CroMo tubular steel space-

Then came the preparation of the plaster styling buck and the static prototype. A number of the Delta's distinguishing features emerged at this point in all their clarity. Among them was the C-pillar resembling a capital "delta", together with the bumper-valence panel assembly and the conspicuous groove running the length of the car and appearing to divide the body into two superimposed shells.

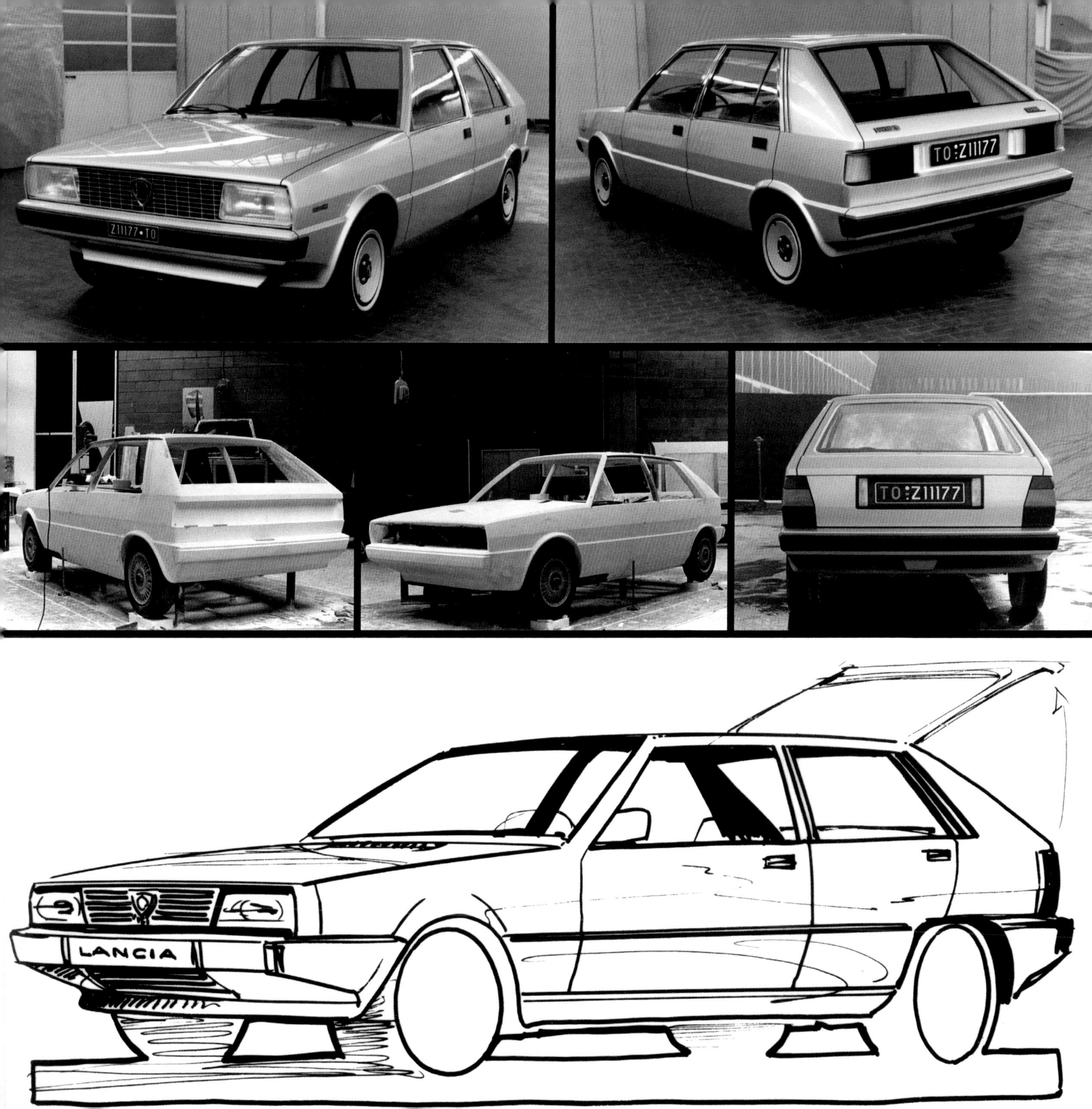
Z11177•TO
TO:Z11177
TO:Z11177
LANCIA

era infatti abbinato un compressore volumetrico. I risultati di questo sistema rivoluzionario non hanno bisogno di commenti: in versione gara, il propulsore di 1759 cc di cilindrata della S4 sprigionava una potenza di oltre 480 CV a 8400 giri/min e offriva una coppia di 50 kgm a 5000 giri/min. Il telaio era a traliccio di tubi d'acciaio al cromo molibdeno. Omologata per le competizioni il 1° novembre 1985, nemmeno un mese dopo la δ S4 si impose ai primi due posti del Rally RAC (con Toivonen-Wilson e Alen-Kivimaki).

La versione stradale erogava ben 250 CV, potenza poi raggiunta dalla *Hyena* alcuni anni dopo, ma con un peso nettamente inferiore!

Nel 1986 la Lancia Delta, per quanto concerne la produzione di serie, vide la nascita della δ 1.1 con 1100 cc destinato (per motivi fiscali) esclusivamente al mercato greco: con soli 64 CV ed una velocità massima di 145 km/h, è la Delta meno potente mai costruita.

Lo stesso anno la Lancia presentò un altro "restyling": una Delta leggermente ritoccata nella carrozzeria, con paraurti di nuovo disegno e qualche miglioramento generale alle linee ed agli interni. Il cruscotto fu riprogettato completamente per essere più funzionale e gradevole dal punto di vista estetico. Anche i propulsori subirono una miglioria, con l'adozione dell'iniezione elettronica. Inoltre, a partire da questa data, il modello non è più identificato con la lettera "δ" dell'alfabeto greco, ma dal nome latino Delta scritto per esteso.

Nel maggio dello stesso anno fu presentata al pubblico la Delta HF 4WD: una vera versione sportiva, molto potente e per la prima volta equipaggiata con la trazione integrale. Concepita per l'utilizzo da parte dell'utente comune e, solo in un secondo momento, base per le competizioni rallystiche, la Delta HF 4WD era caratterizzata da particolari che la distinguevano dalle Delta "normali" accentuandone il carattere sportivo, come i doppi fari circolari anteriori, i cerchi in lega a otto fori circolari, il doppio terminale di scarico e i due profili in contrasto con il colore della carrozzeria che

Le immagini in alto evidenziano, sul piano pratico, i risultati concreti di quanto studiato in fase di progettazione. Siamo ormai nelle fasi conclusive di definizione della Lancia Delta, un passaggio decisivo, soprattutto sotto il profilo funzionale, che precede la reale fase di messa in produzione.

frame. Homologated for competition on the 1st of November 1985, less than a month later the δ S4 finished first and second in the RAC Rally (Toivonen-Wilson and Alen-Kivimaki).

The road-going version produced a healthy 250 hp, an output reached by the *Hyena* a few years later but with a significantly lower weight!

In 1986, the standard production range of the Lancia Delta was expanded with the δ 1.1, an 1100 cc version destined (for tax purposes) exclusively for the Greek market: with just 64 hp and a maximum speed of 145 kph, this was the least power Delta ever built.

That same year, Lancia also launched another restyling: mildly facelifted bodywork, with new bumpers and a number of general improvements to the styling and interiors. The dashboard was completely redesigned to be more functional and more attractive. The engines were also revised, with the adoption of electronic fuel injection. Moreover, from this date the model was no longer identified with the letter "δ" from the Greek alphabet, but by the Latin name Delta.

The Delta HF 4WD was presented to the public in the May of that year: a very powerful sporting version equipped for the first time with four-wheel drive. Conceived as a car for ordinary clients and only later as a basis for rallying, the Delta HF 4WD was characterised by details that distinguished it from the standard Deltas, accentuating its sporting character: twin round headlights. Alloy wheels with eight circular perforations, dual tail pipes and two trim strips contrasting with the bodywork colour running the length of the flanks. The engine of the Delta HF 4WD was a two-litre unit derived from that of the Thema turbo i.e. saloon, capable of developing a power output of 166 hp at 5250 rpm. The transmission layout was also interesting: a free-floating front differential, an epicyclical central differential with a Ferguson viscous coupling that spilt the torque asymmetrically between the two axles (56% to the front

The photos above highlight in practical terms the concrete results of what had been studied during the design phase. At this point the Lancia Delta was close to its definitive form, above all in functional terms, prior to the industrialisation of the model.

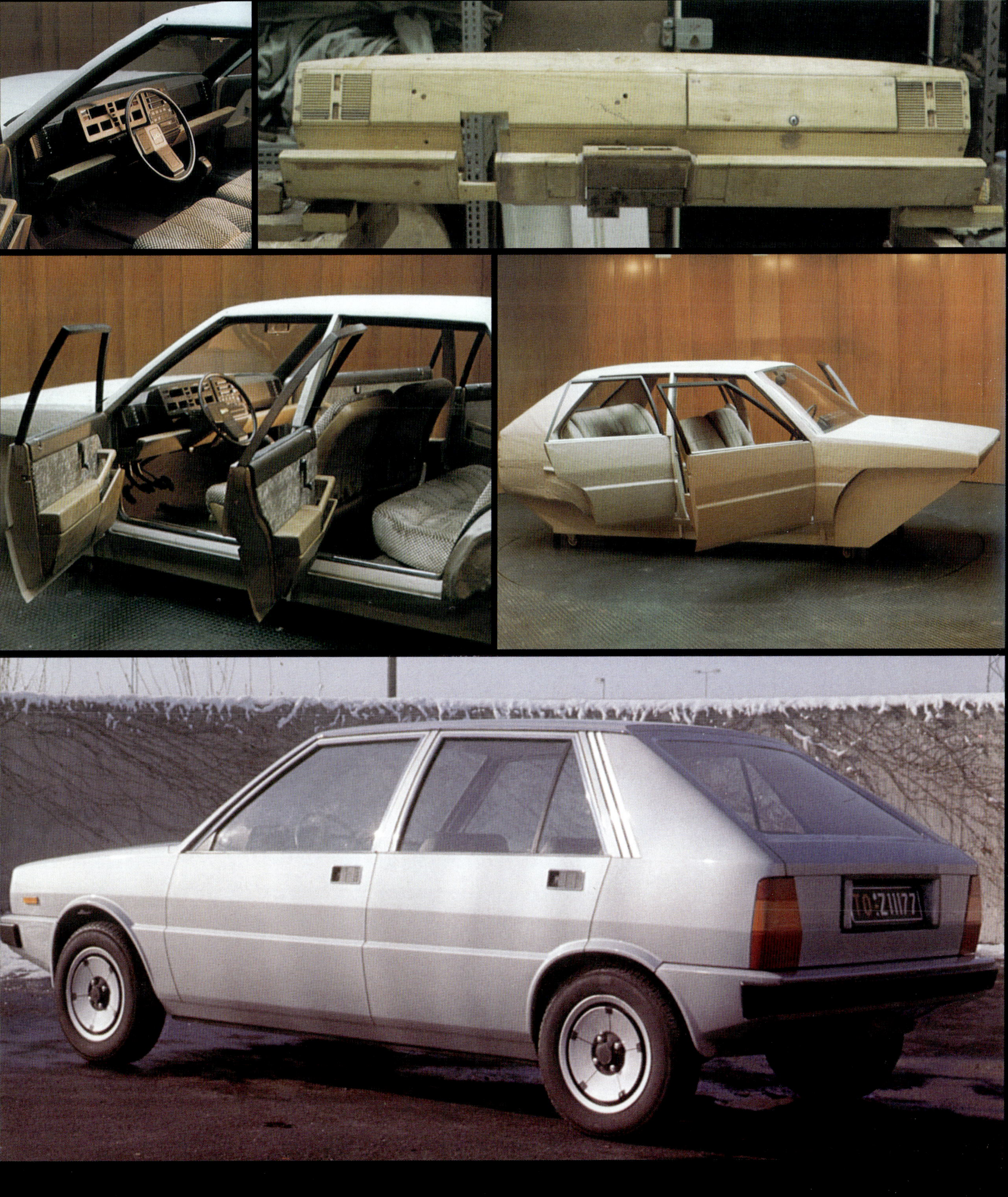
TO Z11177

correvano lungo l'intera fiancata. Il motore della Delta HF 4WD era un due litri di cilindrata derivato da quello della berlina Thema turbo i.e., in grado di sviluppare una potenza di 166 CV a 5250 giri/min. Interessante anche lo schema di trazione: differenziale anteriore libero, differenziale centrale epicicloidale con giunto viscoso Ferguson di bloccaggio che ripartiva la coppia motrice in modo asimmetrico sui due assi (56% all'anteriore e 44% al posteriore), differenziale posteriore Thorsen. L'overboost, di derivazione aeronautica, agiva sulla valvola waste-gate tutte le volte che si premeva a fondo l'acceleratore, aumentando temporaneamente la pressione di sovralimentazione: in questo modo, con l'overboost inserito, il motore arriva ad esprimere una coppia motrice pari a 29 kgm a soli 2750 giri/min. Un sistema integrato con l'accensione a controllo elettronico con sensore di detonazione, impediva l'entrata in funzione dell'overboost a motore troppo freddo o surriscaldato. L'overboost agiva sulla valvola waste-gate aumentando temporaneamente la pressione di sovralimentazione. Un intercooler riduceva la temperatura dell'aria compressa da 120 a 70/50 gradi. Le valvole erano al sodio, le guide valvole in bronzo, i cuscinetti di biella di tipo trimetallico ed era presente un radiatore per il raffreddamento dell'olio motore. L'impianto frenante aveva dischi sulle quattro ruote, con quelli anteriori autoventilanti. Per quanto riguarda il telaio, non vi erano sostanziali differenze rispetto alle "tranquille" versioni a trazione anteriore, tranne l'assetto irrigidito per migliorare la tenuta di strada.

È con quest'auto e con le sue successive quattro evoluzioni (che dal termine 4WD passeranno al nome "Integrale") che la Lancia inizierà il suo incredibile ciclo di vittorie rallystiche: dopo i cinque titoli già ottenuti con vetture del calibro di Stratos e Rally 037, con la Delta, la Lancia vincerà il Campionato Mondiale Rally per sei volte consecutive (dal 1987 al 1992), cui si aggiungeranno anche quattro titoli piloti: due con Miki Biasion (nel 1988 e nel 1989) e altri due con Juha Kankkunen (nel 1987 e nel 1991).

Nel novembre del 1987 fu presentata la prima evoluzione della famiglia delle Delta a quattro ruote motrici: la Delta HF Integrale, dotata di una nuova versione del propulsore di 1995 cc, provvisto di un nuovo turbocompressore Garrett T3

Nel 1980 la Lancia Delta (apparsa nel 1979) è "Auto dell'Anno" e, per l'occasione, la Casa torinese usa proprio l'immagine in alto a destra per comunicare alla stampa l'importante riconoscimento. Della prima cartella stampa fanno parte anche le immancabili viste quotate.

---

and 44% to the rear) and a Torsen rear differential. The overboost, of aeronautical derivation, acted on the wastegate whenever the accelerator was floored, temporarily increasing the boost pressure. In this way, with the overboost engaged, the engine was capable of delivering 29 kgm of torque at just 2750 rpm. An integrated electronic ignition system with an anti-knock sensor prevented the overboost from engaging when the engine was too cold or overheating. The overboost acted on the wastegate, temporarily increasing the boost pressure. An intercooler reduced the temperature of the compressed air from 120 to 70/50°C. Sodium filled valves were fitted, along with bronze valve guides, tri-metal main bearings and an oil cooler. The braking system featured discs all round, self-ventilating at the front. With regards to the chassis, there were no substantial differences compared with the "milder" front-wheel drive versions with the exception of the stiffer suspension to improve roadholding.

It was with this car and its four successive evolutions (which were identified with the name "Integrale" rather than 4WD) that Lancia began its latest cycle of rally victories: following the five title obtained with cars of the calibre of the Stratos and the Rally 037, with the Delta the company was to win the World Rally Championship no less than six times consecutively (from 1987 to 1992), also taking four drivers' titles: two with Miki Biasion (in 1988 and 1989) and another two with Juha Kankkunen (in 1987 and 1991).

The first evolution of the four-wheel drive Delta family was presented in the November of 1987: the Delta HF Integrale, equipped with a new version of the 1995 cc engine with a new and larger Garrett T3 turbocharger which delivered a great quantity of air and improved deficiency and therefore more torque; a new solenoid overboost valve increased boost pressure to up to 1 bar and maximum torque to 31 kgm, while the engine's electronic control unit was remapped; the valve seats, the gaskets and the water pump were uprated to cope with the increased performance: maximum power and torque rose to 185 hp and 31 kgm respectively. The oil cooler and radiators were also

In 1980, the Lancia Delta (launched in 1979) was elected "Car of the Year" and for the occasion the Turin-based company used the photo top right to communicate this important award to the press. The inevitable dimensioned drawings were also included in the first press pack.

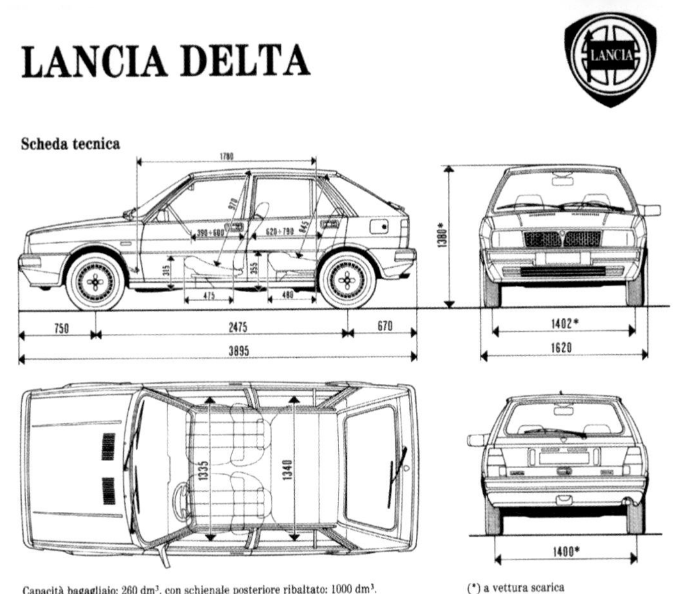

LANCIA DELTA

Scheda tecnica

Capacità bagagliaio: 260 dm³, con schienale posteriore ribaltato: 1000 dm³.

(*) a vettura scarica

di maggiori dimensioni che permetteva un incremento della portata d'aria, un rendimento migliore e quindi una coppia più elevata; una nuova elettrovalvola dell'overboost elevava la pressione di sovralimentazione fino ad 1 bar e la coppia massima a 31 kgm, mentre la centralina elettronica di gestione del motore fu ritarata; le sedi valvole, le guarnizioni e la pompa dell'acqua furono adeguate alle maggiori prestazioni: la potenza massima salì a 185 CV e la coppia massima a 31 kgm. Furono modificati anche i radiatori dell'olio e dell'acqua; il filtro dell'aria era di maggiore capacità e l'elettroventilatore era più potente. La frizione era la stessa della Thema 8.32 con motore Ferrari.

Esteriormente furono adottati dei parafanghi allargati per ospitare pneumatici di maggiori dimensioni, così da omologarli anche per la versione "corsa", mentre i paraurti avevano un nuovo disegno; le sospensioni disponevano di nuove molle anteriori e nuovi ammortizzatori, mozzi, giunti, semiassi, snodi e montanti anteriori: l'assetto risultava quindi più sportivo e adeguato alle inedite dimensioni dei cerchi.

La produzione di serie del modello Delta era ormai legata a doppio filo allo sviluppo della vettura per le competizioni: così nel mese di maggio 1989, mentre la HF Integrale si imponeva ancora una volta nel Mondiale, fu presentata al pubblico la nuova Delta HF Integrale 16v con il motore che aveva finalmente la distribuzione a 4 valvole per cilindro.

La potenza salì a 200 CV, grazie ad un nuovo turbocompressore e alla rimappatura della centralina elettronica. La ripartizione della coppia motrice fu spostata maggiormente sull'asse posteriore, diventando 47% all'anteriore e 53% al posteriore e riducendo così l'effetto sottosterzante. Questa ripartizione è quella che si ritroverà poi anche sulla *Hyena*, in quanto non sarà più modificata nelle successive evoluzioni. L'impianto frenante fu potenziato, come pure l'assetto delle sospensioni; la frizione era a comando idraulico.

La linea della Delta HF Integrale 16v risultò ancora più aggressiva grazie all'assetto ulteriormente ribassato di 20 mm (pur adottando sospensioni con maggiore escursione), ai pneumatici di misura ancor più generosa ed al nuovo cofano

A fine 1982 Lancia torna, quindici anni dopo la Fulvia GT, nel segmento delle berline di impronta sportiva. Lo fa con la Delta 1.6 provvista di un motore da 1585 cc da cui deriva la sigla del modello: Lancia Delta 1.6 GT. Nell'immagine in basso, la prima delle vetture a gasolio per la Delta, la 1.9 Turbodiesel S. La scelta della sovralimentazione costituisce un altro inequivocabile segnale verso un quanto mai auspicabile impiego sportivo della vettura di lì a poco tempo.

At the end of 1982, 15 years after the Fulvia GT, Lancia returned to the sports saloon segment. It did so with the Delta 1.6 equipped with a 1,585 cc engine from which the model name derived: Lancia Delta 1.6 GT. In the photo bottom right, the first diesel-powered Delta, the 1.9 Turbodiesel S. The adoption of turbocharging was another unequivocal signal of an eagerly awaited sporting use of the car.

modified, while a larger air filter and a more power electric fan were fitted. The clutch was the same unit as fitted to the Ferrari-powered Thema 8.32.

Externally, wider wheel arches were adopted to accept larger tyres that could thus be homologated for the "racing" version, while bumpers were redesigned. The suspension as fitted with new front springs and new dampers, hubs, couplings, driveshafts, links and front struts: the configuration was now more sporting and suited to the new wheel dimensions.

The production of the standard Deltas was now closely matched to the development of the competition car: thus, in the month of May 1989, while the HF Integrale was again dominating the World Rally Championship, the new Delta HF Integrale 16v was presented to the public with an engine that at last had four valves per cylinder.

The power output rose to 200 hp, thanks also to a new turbocharger and remapping of the control unit. The torque split was adjusted slightly in favour of the rear axle, with 47% going to the front and 53% to the rear, thus reducing the understeering effect. This was the split that was later to be found on the *Hyena* as it was not to be modified on the successive versions of the Delta. The braking system was uprated, as was the suspension set-up. The clutch was hydraulically actuated.

The styling of the Delta HF Integrale 16v was even more aggressive thanks to the 20 mm lower ride height (while adopting suspension with greater travel), even more generously dimensioned tyres and a new bonnet with a central bulge around 30 mm high that was required to clear the new 16v engine. Performance was exceptional: a top speed of 220 kph, 26.1 seconds for the standing start kilometre and 5.8 seconds to sprint from 0 to 100 kph.

In order to satisfy the anti-smog legislation on certain markets, Lancia also produced a version know as the Delta Integrale HF Kat, with an 8v engine equipped with a catalyser and Lambda probe. This version produced 177 hp.

turbo ds

motore che presentava un rigonfiamento centrale di circa 30 mm, necessario per poter ospitare il nuovo motore a 16 valvole. Le prestazioni erano eccezionali: 220 km/h di velocità massima, 26.1 secondi per percorrere il chilometro con partenza da fermo e 5.8 secondi per passare da 0 a 100 km/h.

Per soddisfare i primi requisiti antinquinamento di alcuni mercati, fu prodotta anche una versione chiamata Delta Integrale HF Kat con motore 8v, dotato di catalizzatore con sonda Lambda. Questa versione erogava 177 CV. Esternamente presentava le stesse caratteristiche di quella a 16v, ad iniziare dal cofano motore, ed era riconoscibile solo per le differenti scritte identificative che riportavano la scritta Kat al posto di 16v. Mentre le versioni precedenti continuavano a vincere altri Campionati Mondiali Rally, la nuova Delta venne lanciata sul mercato nell'ottobre 1991.

Chiamata Delta HF Integrale "Evoluzione" o più semplicemente "Deltona", rappresentava l'espressione massima di una continua crescita di innovazioni tecnologiche accompagnate da innumerevoli affermazioni sportive. Questa è a tutti gli effetti la "mamma" della *Hyena*, in quanto per la produzione di quest'ultima furono usati i pianali, compreso motore e trasmissione, della Deltona.

Sul piano estetico, la nuova Delta "Evoluzione" si presentava con alcune modifiche dettate dalla necessità di incrementare ulteriormente le carreggiate e di alzare gli attacchi degli ammortizzatori: per questo ci si imbatte in un nuovo cofano motore con un rigonfiamento ancor più accentuato e con nuove griglie aria laterali, nei passaruota allargati con una bombatura sempre più pronunciata (ma meglio armonizzata nel suo insieme), realizzati mediante stampaggio e non con un semplice riporto di lamiera com'era in precedenza (dal 1979, questa era la prima volta che venivano modificati i lamierati della Delta).

I fanali della Delta HF Integrale "Evoluzione" erano completamente nuovi, con i doppi proiettori di diametro ridotto a 130 mm, ma con una migliorata intensità e distribuzione della luce, grazie alla loro forma poliellissoidale. Fu introdotto, per la prima volta a richiesta, il condizionatore d'aria.

Nel 1982 La Lancia realizza una nuova vettura da rally con cui intende tornare alla vittoria dopo i prestigiosi trascorsi di Fulvia e Stratos. Nasce così la Lancia Rally 037, dal numero progressivo del progetto. Ne verranno prodotte duecento unità, numero sufficiente per ottenere l'omologazione a partecipare al Campionato del Mondo Rally. Tre anni più tardi la storia si ripete con la Delta più estrema... la S4, "un mostro" provvisto del motore 1.7 litri capace di erogare una potenza massima di 480 CV a 8400 giri/min.

In 1982, Lancia created a new rally car with which it intended to returned to winning ways following the success of the Fulvia and the Stratos. Thus was born the Lancia Rally 037, from the progressive project number. Two hundred examples were produced, a number sufficient to permit homologation for the World Rally Championship. Three years later, the story was repeated with the most extreme Delta, the S4, a "monster" powered by a 1.7-litre engine capable of producing a maximum power output of 480 hp at 8400 rpm.

Externally this version replicated the 16v, beginning with the bonnet and was only distinguished by the badges with Kat rather than 16v. While the earlier versions continued to win other World Rally Championships, the new Delta was launched in the October of 1991.

Known as the Delta HF Integrale "Evoluzione" or more simply in Italy at least as the "Deltona", it represented the ultimate expression of a continuous technological evolution accompanied by innumerable sporting honours. This model was to all intents and purposes the "mother" of the *Hyena* in that it provided the floorpan, engine and transmission for the new coupé.

In stylistic terms, the new Delta "Evoluzione" presented a number of modifications dictated by the need to further widen the tracks and raise the damper mountings: for this reason a new bonnet was created with the bulge even more accentuated and new lateral air intake grilles, wider wheel arches with even more pronounced flaring (albeit blended into the rest of the design better), made with pressings rather than merely additional metal as had been the case in the past (this was the first time the Delta bodywork pressings had been modified since 1979).

The headlamps of the Delta HF Integrale "Evoluzione" were completely new, with dual lamps with dimensions reduced to 130 mm but improved intensity and distribution of the light, thanks to their polyellipsoidal form. Air conditioning was offered as an optional extra for the first time.

The fuel filler cap was similar to those used in racing (round and no longer protected by a hatch), the windscreen wipers had an integral spoiler that improved their efficiency at high speed, the side-skirts were redesigned and a vari-

LANCIA DELTA S4

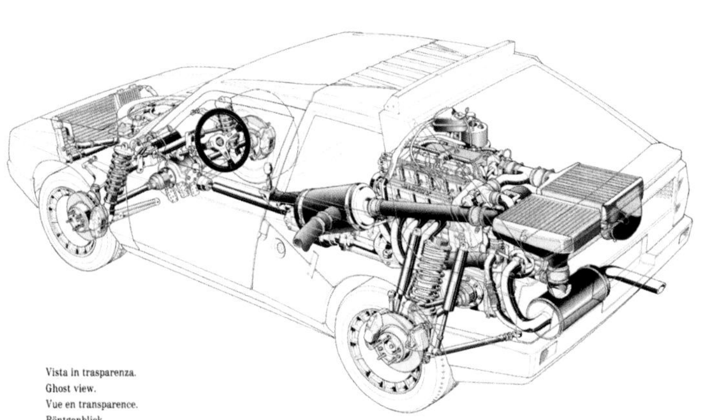

Vista in trasparenza.
Ghost view.
Vue en transparence.
Röntgenblick.

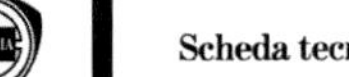

Scheda tecnica

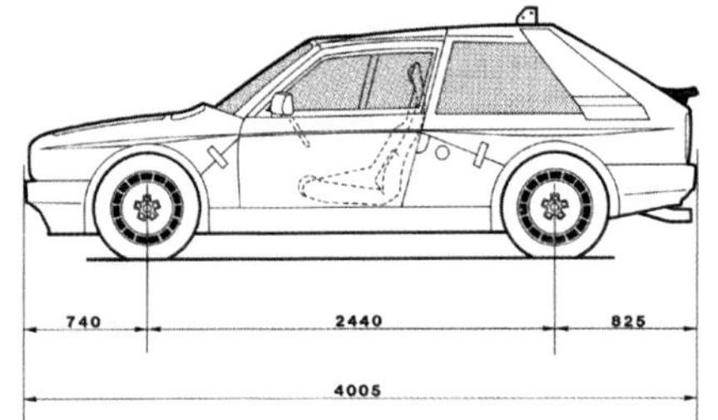

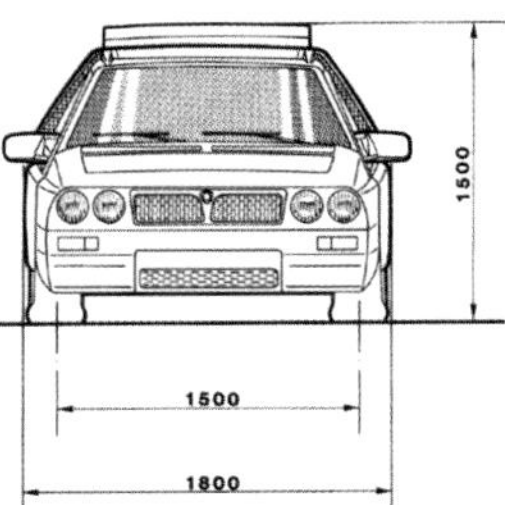

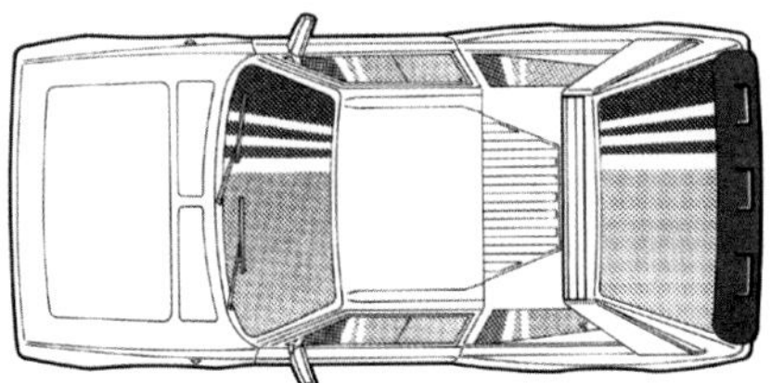

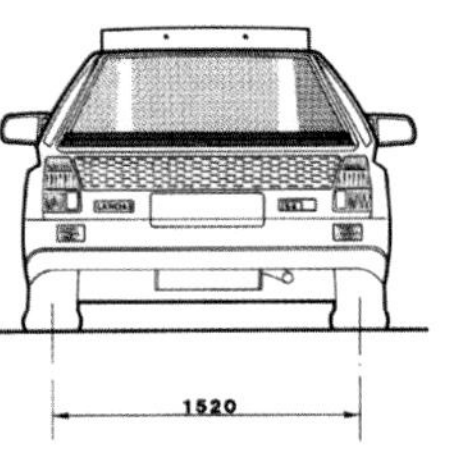

Il bocchettone del rifornimento carburante era simile a quello usato nelle competizioni (tondo e non più protetto dallo sportellino), i tergicristalli avevano uno spoiler incorporato che ne migliorava l'efficacia alle alte velocità, le minigonne furono ridisegnate e sulla sommità del portellone posteriore fu aggiunto uno spoiler ad incidenza regolabile (con tre diverse angolature) che migliorava il carico aerodinamico e quindi la tenuta di strada della vettura.
L'impianto di scarico prevedeva una tubazione singola e non più doppia con terminale da 60 mm di diametro; la pompa dell'idroguida garantiva un'efficienza con valori prossimi a quella usata per le competizioni, in quanto era dotata di serpentina di raffreddamento.
Grazie a nuove tarature della centralina elettronica e del turbocompressore, la potenza del motore della Delta HF Integrale "Evoluzione" salì a 210 CV a 5750 giri/min. La velocità massima era di 220 km/h e la Deltona impiegava 5.7 secondi per passare da 0 a 100 km/h.
Nel 1993 accadde un fatto che nessun appassionato si sarebbe aspettato: la Fiat decise, contestualmente al ritiro dalle competizioni, di sospendere la produzione della Delta, essendo ormai un'auto (a parere dei dirigenti) alla fine del proprio ciclo vitale: la produzione fu quindi appaltata alla Maggiora, che rilevò gli impianti Lancia di Chivasso. Sotto la guida dell'Ing. Luciano Ceragioli – direttore tecnico in Zagato per il progetto Alfa SZ – vengono eseguiti alcuni aggiornamenti al motore 16 valvole: montato un turbo più piccolo e modificato il controllo elettronico della centralina Magneti-Marelli. Questo intervento migliorò la

Siamo ormai alla metà degli anni Ottanta e con l'HF, nome storico in casa Lancia, si entra in una nuova dimensione per la Delta. Ancora pochi anni e lo sviluppo conduce alla realizzazione della Delta HF Integrale 16v, con trazione sulle quattro ruote motrici, che costituisce l'elemento forte di quest'auto impiegata poi con enorme successo dalla Lancia nelle gare del Campionato del Mondo Rally.

In the mid-Eighties, the historic HF name was revived for a new chapter in the Delta story. Within a few years the Delta HF Integrale was in production, with four-wheel drive representing one the strong suits of a car that brought Lancia enormous success in the World Rally Championship.

able incidence spoiler (with three different angles of attack) was added to the top of the rear hatch to improve the aerodynamic loading and therefore the car's roadholding.
The exhaust system featured a single rather than dual pipe, with a 60 mm tail pipe. The power steering pump guaranteed efficiency with values approaching those used in competition as it was equipped with a cooling coil.
Thanks to the new mapping of the electronic control unit and the turbocharger the engine of the Delta HF Integrale "Evoluzione" delivered 210 hp at 5750 rpm. The Deltona had a maximum speed of 220 kph and took 5.7 seconds to sprint from 0 to 100 kph.
Something happened in 1993 that no enthusiast could have expected: in parallel with its withdrawal from competition, Fiat decide to suspend production of the Delta as the car (in the opinion of the powers that be) had reached then end of its life cycle. Production was then contracted to Maggiora, which took over the Lancia facilities at Chivasso. Under the guidance of Ing. Luciano Ceragioli, technical director at Zagato for the Alfa SZ project, number of modifications were made to the 16-valve engine: a smaller turbo was fitted and the Magneti-Marelli control unit was modified. This last change improved management of the injectors. They also made changes to the fluid dynamics in order to achieve improved turbo efficiency. The engine therefore became more flexible, with less turbo lag, but was unfortunately less "hot" that that of the preceding series.

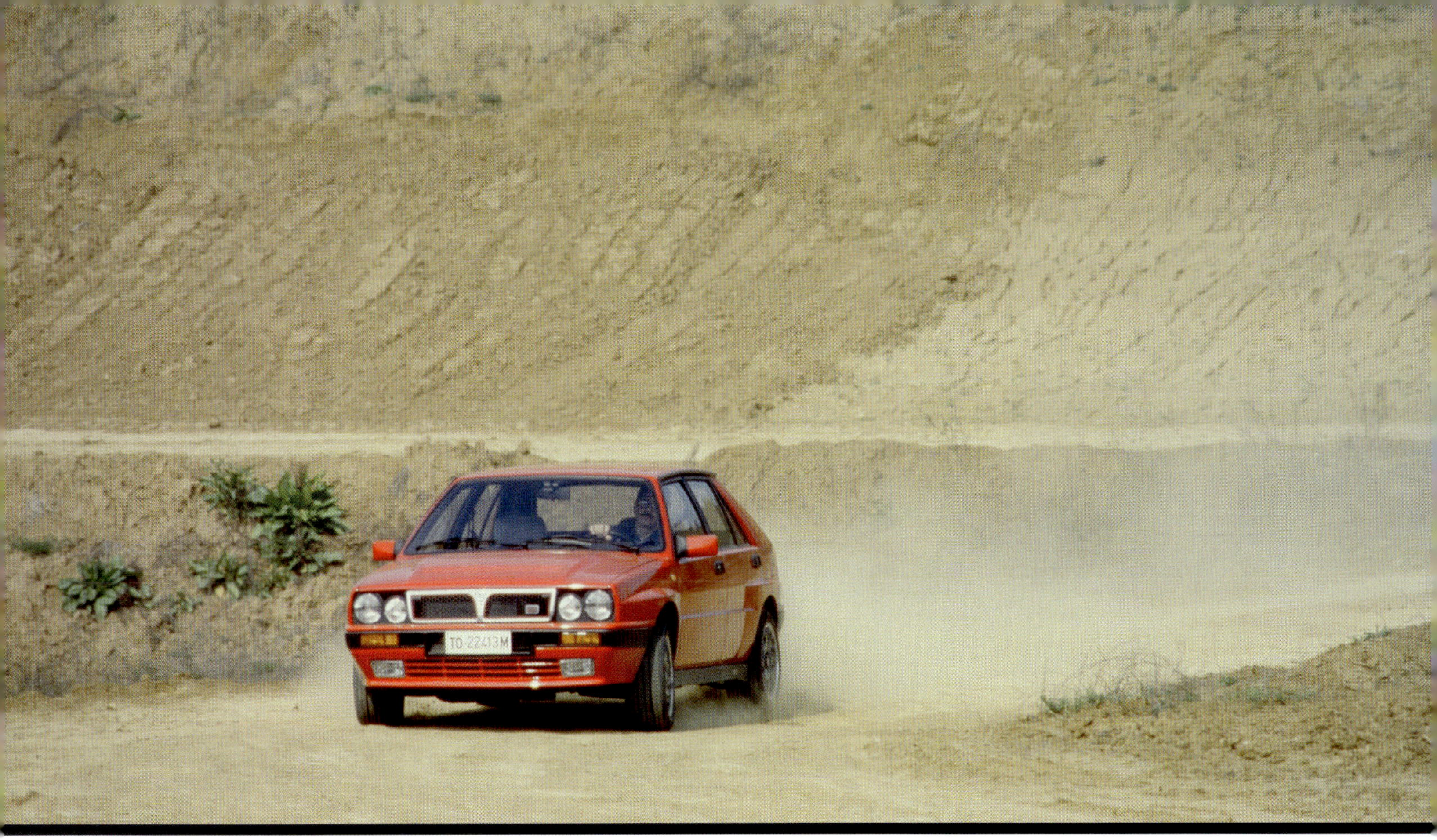
TO 22413M

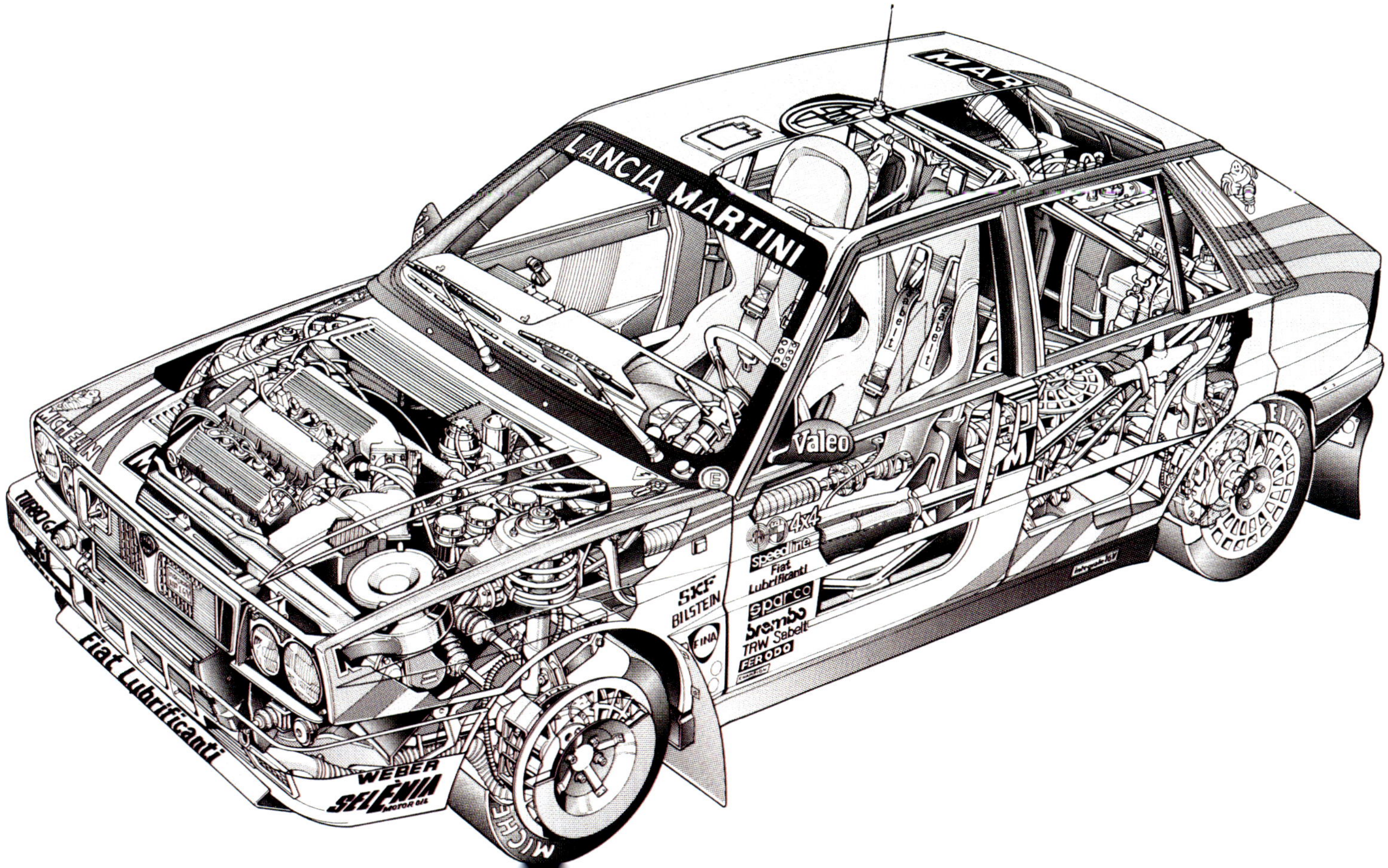
LANCIA MARTINI
Valeo
4x4
Speedline
Fiat Lubrificanti
SKF
BILSTEIN
sparco
brembo
TRW Sabelt
FERODO
Fiat Lubrificanti
WEBER
SELENIA

gestione degli iniettori; nel frattempo apportarono altri accorgimenti a livello fluidodinamico al fine di ottenere un miglior sfruttamento del turbo. Il motore diventò quindi più elastico, con minore ritardo del turbo, ma purtroppo rimase meno "cattivo" rispetto alla serie precedente.

Grazie a questi interventi mirati, la coppia aumentò fino a 32 kgm a soli 2500 giri/min e la potenza salì ancora e raggiunse i 215 CV a 5750 giri/min (i 5 CV in più sopperivano all'adozione del catalizzatore montato di serie per aggiornarla alle normative in materia di anti inquinamento). Quest'auto è solitamente chiamata Delta Evoluzione 2.

Questa fu la prima Delta, dai tempi della 4WD, ad essere pensata espressamente per la vendita e non per le corse e per questo fu quindi prestata particolare attenzione al comfort del pilota: i sedili erano i Recaro "alti" in Alcantara beige, era previsto il condizionatore (a richiesta), fu aggiunto il catalizzatore con sonda Lambda per diventare Euro1 e l'ABS era di serie.

A livello estetico e funzionale furono adottati i cerchi da 16" con pneumatici ribassati, la testata del motore fu dipinta di rosso, fu impiegato un nuovo volante Momo a tre razze, mentre fu adottato il bocchettone carburante in alluminio.

Esula dalla trattazione di questo lavoro la produzione delle serie limitate, apparse verso la fine della carriera della Delta: vi sono libri che approfondiscono l'argomento con decine di immagini e dati tecnici. Tutti questi volumi, però, non parlano della *Hyena,* oppure le lasciano pochissimo spazio anche perché le informazioni sulla stessa sono sempre state piuttosto carenti.

Questo libro vuole in qualche modo sovvertire quest'ordine e, dopo questo capitolo introduttivo che riassume brevemente le caratteristiche della Delta nella sua lunga storia, l'obiettivo si concentra sull'estrema evoluzione dell'ultima e più performante di tutte le Delta, la cosiddetta "Evoluzione".

In questa pagina, la catena di montaggio della Delta HF Integrale "Evoluzione". Alla pagina a fianco, sopra, un'immagine pubblicitaria diffusa nel luglio 1987 rappresenta l'intera gamma Delta. Spicca, e non poteva essere altrimenti, la HF a quattro ruote motrici che sta dominando la stagione con cinque vittorie su otto rally iridati disputati fino a quel momento. Due anni più tardi uscirà una versione stradale, nella livrea Martini, storico sponsor che ha accompagnato i grandi trionfi Lancia. A pag. 33, una delle giornate più gloriose della Delta: Biasion-Siviero dominano il Safari del 1989, anno del secondo titolo iridato per la coppia di piloti italiani.

On this page, the Delta HF Integrale "Evoluzione" assembly line. On the facing page, above, a promotional photo distributed in July 1987 shows the entire Delta range. The four-wheel drive HF inevitably took pride of place and was dominating the season with five victories in eight of the World Rally Championship events disputed up to that point. Two years later a road-going version was to be launched in Martini livery, in honour of the historic sponsor whose colours had accompanied Lancia's great triumphs. On page 33, one of the Delta's most glorious days: Biasion-Siviero dominate the 1989 Safari, the year of the second World Rally Championship title for the Italian crew.

Thanks to these targeted modifications, torque was increased to 32 kgm at just 2500 rpm and the power output rose again to 215 hp at 5750 rpm (the extra 5 hp made up for the adoption of the standard catalyser to bring the engine into line with the latest anti-smog regulations). This car is usually known as the Delta Evoluzione 2.

This was the first Delta in the 4WD era to be expressly designed to attract sales rather than for racing and therefore particular attention was paid to the driver's comfort: the seats were high-back Recaros in beige Alcantara, optional air conditioning was available, a catalyser with a Lambda probe brought the car up to date with the Euro1 norms and ABS was standard.

In terms of styling (and function in certain cases) 16" wheels and low profile tyres were adopted, the cylinder head was painted red and a new three-spoke Momo steering wheel and an aluminium fuel filler cap were fitted.

We have omitted from this review the limited editions that appeared towards the end of the Delta's career: there are other books that deal with this aspect in great detail with dozens of photos and technical details. However, those books do not deal with the *Hyena*, or at least not in any detail because there has been little information available.

With this book, we have tried to fill this gap and following this introductory chapter, which briefly reviews the history of the Lancia Delta, we shall be focussing on the last and hardest charging of all the Deltas, the so-called "Evoluzione".

LANCIA MARTINI
MARTINI
6
TO 14643G
MI 7G0023

DELTA HF
integrale
5
integrale

	Modello Model	Anni di produzione Years in production	Cilindrata Displacement	Potenza CV/giri Power hp/rpm	Coppia kgm/giri Torque kgm/rpm	Velocità max Max. speed	0-100 km/h 0-100 kph	Peso kg Weight kg	CV/litro hp/litre	kg/CV kg/hp
1	**Delta 1.1 (per Grecia)**	1986-1989	1116	65/5800	8,7/3500	145	17,0	950	57,35	14,84
2	**Delta 1.3**	1979-1983	1301	75/5800	11,0/3500	160	15,0	955	57,65	12,74
3	**Delta 1.5**	1980-1984	1498	85/5600	13,0/3500	165	12,5	975	56,74	11,47
4	**Delta Turbo 4x4 prototipo**	1982	1585	130/5600	19,5/3700	n.d.	n.d.	1030	82,02	7,92
5	**Delta 1.6 GT**	1982-1986	1585	105/5800	13,8/3300	180	10,0	975	66,25	9,28
6	**Delta 1.6 GT i.e.**	1986-1993	1585	108/5900	13,8/3500	185	9,8	980	68,14	9,07
7	**Delta 1.6 GT i.e. cat.**	1987-1993	1585	90/6250	12,4/4250	175	10,0	990	56,78	11,00
8	**Delta 1.6 HF Turbo**	1983-1986	1585	130/5600	19,5/3700	195	8,9	1010	82,02	7,77
9	**Delta 1.6 HF Turbo i.e.**	1986-1993	1585	140/5500	19,5/3500	203	8,7	1020	88,33	7,28
10	**Delta 1.6 HF Turbo i.e. cat.**	1988-1993	1585	132/5500	20,0/2750	198	8,9	1050	83,28	7,95
11	**Delta 1.9 TD**	1986-1989	1929	80/4200	17,6/2900	172	12,9	1060	41,47	13,25
12	**Delta S4**	1985	1759	250/6750	30,0/4500	225	5,8	1197	142,17	4,79
13	**Delta HF 4WD**	1986-1987	1995	165/5250	26,0/2500	208	7,8	1190	82,71	7,21
14	**Delta HF Integrale 8v**	1987-1989	1995	181/5300	30,4/3500	215	6,6	1215	90,72	6,71
15	**Delta HF Integrale 8v cat.**	1989-1995	1995	177/5400	30,8/3200?	213	7,0	1245	88,72	7,03
16	**Delta HF Integrale 16v**	1989-1991	1995	196/5500	30,4/3500	220	5,9	1250	98,24	6,38
17	**Delta HF Integrale "EVO1"**	1991-1993	1995	205/5750	30,4/3500	220	5,8	1300	102,76	6,34
18	**Delta HF Integrale cat. "EVO2"**	1993-1995	1995	211/5750	31,4/2500	220	5,7	1340	105,76	6,35
19	**Hyena**	1992-1995	1995	205/5750	30,4/3500	230	5,6	1148	102,76	5,60
20	**Hyena "HF"**	1992-1995	1995	250/6000	32,9/3500	240	5,4	1148	125,31	4,59

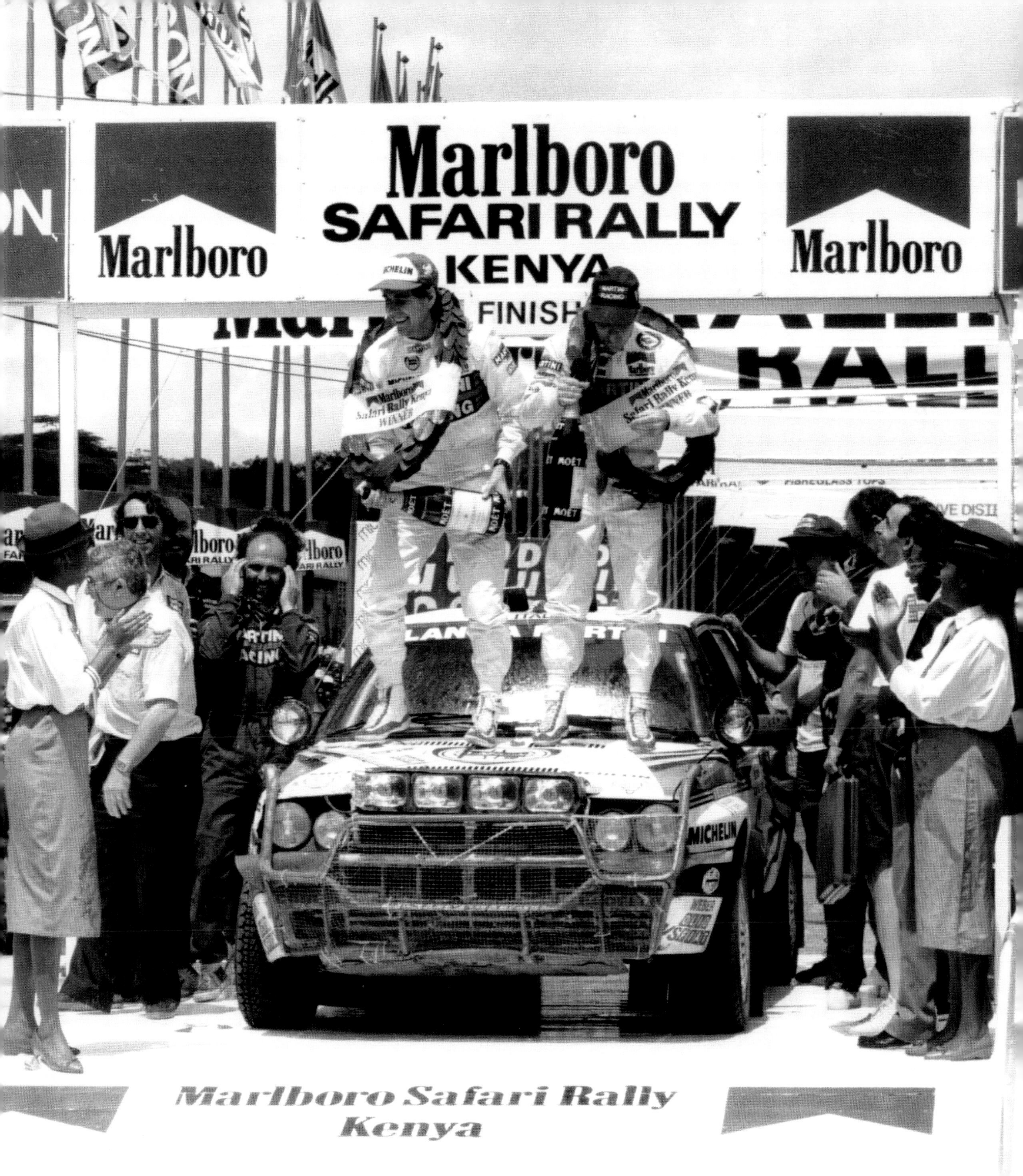

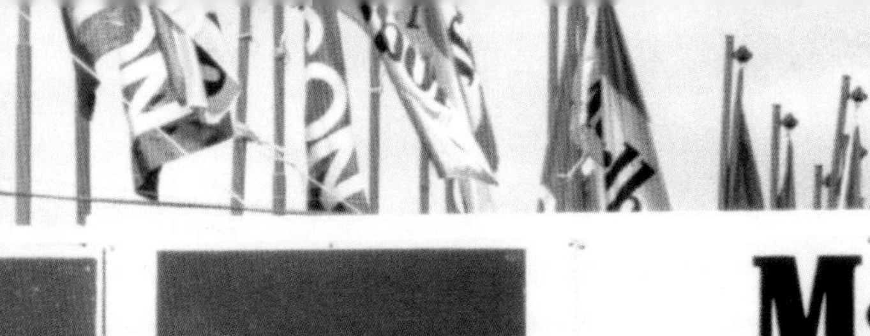

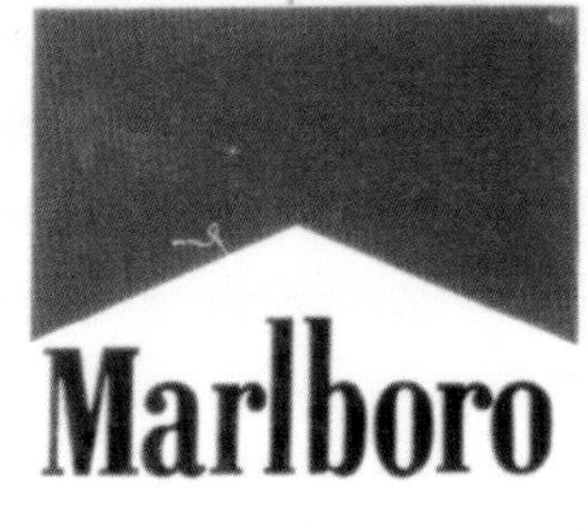

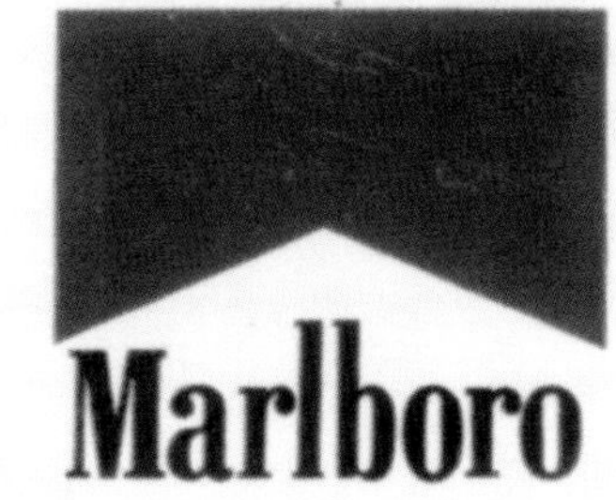

Marlboro
SAFARI RALLY
KENYA
Marlboro
Marlboro
FINISH
Marlboro Safari Rally Kenya
WINNER
MICHELIN
LANCIA MARTINI
MICHELIN
Marlboro Safari Rally
Kenya

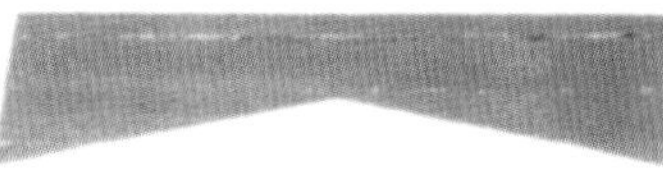

Capitolo 2

Le Lancia Sport

Nasce l'automobilismo, nasce l'aeronautica

L'inizio della collaborazione tra Lancia e Zagato data all'epoca pionieristica dell'automobile, in un contesto di grande libertà creativa e in pressoché totale assenza di regole. Nel primo Novecento l'auto è ancora tutta da scoprire, una meravigliosa avventura da ogni punto di vista: motore, telaio, "ciclistica", forma di carrozzeria...

L'Italia, l'Europa, il mondo scoprono la magia del movimento su una nuova forma di veicolo, non più affidato alla trazione animale ma da una nuova, incredibile, invenzione, il motore a scoppio, che trasforma radicalmente il contesto sociale. Da questa nuova esperienza si dipartono mille strade, mille modi di vivere l'automobilismo. Con lo stesso entusiasmo e la stessa rapidità, il motore a combustione apre all'uomo le vie dei cieli: nasce e si sviluppa, a tempo di record, l'aeronautica. I fratelli Wright spiccano il volo per la prima volta nel dicembre 1903 e già nel 1908, sui cieli di Milano, transita il primo aereo.

La spinta futurista

La "terribile" ansia di ribellione, la fame di progresso e di modernità sono sublimate nella carica dirompente del movimento Futurista, che rifiuta l'immobilità pensosa, l'estasi ed il sonno del passato per esaltarsi nell'aggressività, l'insonnia febbrile, il passo di corsa, il salto mortale, lo schiaffo ed il pugno, la guerra, il patriottismo e gli ideali che spingono al sacrificio della vita stessa.

In questa pagina, l'Ansaldo S.V.A. realizzato da Ugo Zagato per l'epico volo su Vienna a cui partecipò anche Gabriele d'Annunzio nel 1918. Alla pagina a fianco dall'alto in basso (da sinistra a destra): un giovane Ugo Zagato e Vincenzo Lancia. Foto di gruppo del personale delle Officine Pomilio di Torino. Ugo Zagato è il quarto da destra. La Lancia Alfa del 1907.

On this page, the Ansaldo S.V.A. built by Ugo Zagato for the epic flight over Vienna on which Gabriele d'Annunzio participated in 1918. On the facing page, from top to bottom (and from left to right): a young Ugo Zagato and Vincenzo Lancia. A group photo of the staff of the Officine Pomilio in Turin. Ugo Zagato is the fourth from the right. The Lancia Alfa from 1907.

Chapter 2

The Lancia Sports

The birth of motor racing, the birth of aviation

The beginning of the collaboration between Lancia and Zagato dates back to the pioneering age of motoring, in a context of great creative freedom and the almost total absence of rules. Early in the 20th Century, the motor car had barely been invented, awaiting development in all areas: engine, chassis, running gear and bodywork...

Italy, Europe and the world discovered the magic in the movement of a new form of vehicle, one no longer reliant on animal traction but powered by the incredible new internal combustion engine that radially transformed the social context. A thousand roads, a thousand ways of experiencing motoring arose out of this new experience. With the same enthusiasm and the same rapidity, the internal combustion engine opened the skies to man: aviation was born and developed at record-breaking pace. The Wright brothers took flight for the first time in the December of 1903 and by 1908 the first aeroplanes were to be seen in the skies of Milan.

The Futurist drive

The "terrible" thirst for rebellion and the hunger for progress and modernity were sublimated in the explosive charge of the Futurist movement that refuted thoughtful immobility, the ecstasy and the sleep of the past in order to exalt aggressiveness, feverish insomnia, hectic pace, leaps into the unknown, slaps and punches, war, patriotism and the

Pubblicato sul quotidiano francese "Le Figaro" nel 1909, il Futurismo articola successivamente in una serie di manifesti più specifici, che definirono i caratteri generali delle discipline artistiche: letteratura, teatro, pittura, scultura, architettura e musica.
I punti principali del Manifesto del Futurismo, a cui tutti gli intellettuali devono adeguarsi, definiscono una nuova cultura del dinamismo e della sfida verso traguardi impossibili: proiettarsi verso il futuro e verso il progresso, cantare l'audacia, il pericolo, la velocità, il movimento, la dinamicità e la ribellione, opporsi alla cultura Ottocentesca, immobile e assonnante. Altri punti salienti del Manifesto sono considerare la lotta e la guerra come sola forma di igiene del mondo, tenere in bassissima considerazione la figura della donna, considerata portatrice di valori deboli ed ispiratrice della poesia sentimentale, distruggere le biblioteche ed i musei, colpevoli di produrre una cultura stereotipata.

Ugo Zagato, Vincenzo Lancia

In questa dimensione così vitale due "Spiriti Magni" dell'Automobile gettano le basi del loro futuro e del loro immenso contributo alle fortune dell'industria automobilistica.
Ugo Zagato, nativo del basso Veneto, emigrato nei primi anni del Novecento in Germania, a Colonia, per imparare la nuova "arte" di meccanico e carrozziere, nei primi anni Dieci torna in Italia e si stabilisce a Milano, città viva e pulsante. Lavora alla carrozzeria Varesina come capo officina e disegnatore. Con lo scoppio della prima guerra mondiale le Officine Pomilio di Torino lo chiamano per dirigere una squadra di tecnici per la realizzazione di aerei. Ne costruirà a decine, un ritmo forsennato per rispondere alle esigenze del conflitto e in quell'incessante ritmo lavorativo conoscerà anche molti assi dell'aviazione che presto saranno consegnati alla leggenda (come "un certo" Francesco Baracca). Fra questi lo stesso Gabriele d'Annunzio, per il quale viene costruito uno degli Ansaldo

Alla pagina a fianco, le diverse versioni della Lancia Aprilia Sport, allestita in tre esemplari tra il 1936 e il 1938 con differenti configurazioni di carrozzeria. All'epoca Ugo Zagato è impegnato nella sperimentazione di forme particolarmente aerodinamiche. In basso e a centro pagina, l'Aprilia Sport Sanction II allestita da Zagato nel 2006, un omaggio ai cento anni Lancia.

ideals that exalt the sacrifice of life. Published in the French newspaper "Le Figaro" in 1909, Futurism set out successively in a series of more specific manifestos definitions of the general characteristics of the artistic disciplines: literature, theatre, painting, sculpture, architecture and music.
The principal points of the Futurist Manifesto, to which all the intellectuals were expected to adapt, defined a new culture of dynamism and the challenge of impossible goals: projection towards the future and towards progress, celebration of the audacious, danger, speed, movement, dynamism and rebellion, opposing the immobile, lethargic 19th Century culture. Further salient points of the *Manifesto* were those considering struggle and war as the sole form of hygiene in the world, an extremely low consideration of women as carriers of weak values and the inspiration of sentimental poetry and the destruction of libraries and museums, guilty of producing stereotypical culture.

On the facing page, the diverse versions of the Lancia Aprilia Sport, produced in three examples in 1936 and 1938 with different bodywork configurations. At the time Ugo Zagato was experimenting with particularly aerodynamic forms. Bottom and centre, the Aprilia Sport Sanction II created by Zagato in 2006 in honour of Lancia's centenary.

Ugo Zagato, Vincenzo Lancia

Within this incredibly vital context two "Great Spirits" of motoring laid the foundations for their future that their immense contribution to the fortunes of the automotive industry.
Ugo Zagato, born in the Veneto lowlands, emigrated early in the 20th Century to Cologne in Germany to learn the new mechanical and coachbuilding "art", returned to Italy in the 1910s and settled in the lively, pulsating city of Milan. He was employed at the Varesina coachworks as workshop foreman and draughtsman. With the outbreak of the First World War, the Officine Pomilio in Turin called him to direct a team of engineers producing aircraft. Dozens were constructed at a breakneck pace to try to keep up with the demands of the conflict and in the midst of this hectic period he was to meet many aviation aces who were to earn places in legend (including a certain Francesco Baracca). The firm also built one of the Ansaldo S.V.A. aircraft with which Gabriele d'Annunzio was to fly over Vienna to launch 50,000 pamphlets

ZAGATO

S.V.A. con cui effettuerà il famoso volo su Vienna per lanciare 50.000 volantini ed aizzare la popolazione contro il Governo, alleato della Prussia contro l'Italia. Gli aerei formeranno per sempre il pensiero e la filosofia di Zagato: costruzione leggera, aerodinamicità, funzione come direttrice della forma.

A Torino, nel frattempo, un giovane di nome Vincenzo Lancia, classe 1881, dopo il collegio viene avviato dal padre agli studi alla Scuola Tecnica del capoluogo piemontese. Ma il destino del giovane di Fobello, alta Valsesia, è decisamente un altro. Nello stesso stabile di via Vittorio Emanuele a Torino, dove Vincenzo vive con la famiglia, lavora Giovanni Ceirano: ha una piccola officina di riparazione di biciclette, attigua ad un negozio dell'altra parte della strada. Nel 1898 Ceirano si lancia nella produzione di velocipedi, battezzati Welleyes, e dopo poco si inventa una piccola automobile, battezzata con lo stesso nome. Per Vincenzo Lancia è la folgorazione: vuole lavorare nella neonata industria automobilistica. Ottiene il permesso del padre e inizia ad operare alla Ceirano, ufficialmente come contabile. In realtà, ridondante di passione, studia e apprende tutto il sapere che gira attorno ai nuovi carri ferrati ed in breve diventa un esperto apprezzato e ricercato. Nel 1900 la neonata Fiat (era stata fondata un anno prima) rileva il 100% della Ceirano, maestranze comprese: il giovane Vincenzo, neanche ventenne, diventa un fine collaudatore e pilota della Squadra Corse del senatore Agnelli.

Novembre 1906: Vincenzo Lancia decide di mettersi in proprio e fonda la Fabbrica Automobili Lancia & C. Plasmato dall'intenso lavoro in Fiat, dà alla sua azienda un forte spirito innovatore, a 360° sull'oggetto "automobile", dal motore al telaio. Nel novembre 1907, la prima vettura Lancia appoggia le gomme sul manto di via Ormea, fuori dalla sede aziendale. È una Alpha.

Primavera 1919: a Milano, in via Francesco Ferrer, Ugo Zagato, lasciate le Officine Pomilio, apre la sua officina per la costruzione e riparazione di carrozzerie per automobili e aerei. Applicando un rigoroso approccio aeronautico

Alla pagina a fianco, in alto la Lancia Aurelia B20 Sport e sotto la Lancia Appia Sport GTE del 1959.

---

inciting the population to rise up against the government, allied with Prussia against Italy. Aircraft were to have a formative influence on Zagato's engineering philosophy: lightweight construction, aerodynamics and function dictating form.

In Turin, in the meantime, a young man by the name of Vincenzo Lancia, class of 1881, was sent by his father to the Technical School in the Piedmont capital. However, a very different destiny awaited the young man from Fobello, high in Valsesia. In the same building in Via Vittorio Emanuele in Turin, where Vincenzo lived with his family, worked Giovanni Ceirano: he had a small bicycle repair shop, adjacent to a shop on the other side of the road. In 1898, Ceirano had ventured into the production of bicycles under the Welleyes name shortly afterwards had invented a small car, which was given the same name. For Vincenzo Lancia this came as a flash of inspiration: he wanted to work in the nascent automotive industry. He obtained his father's permission and began to work for Ceirano, officially as a clerk. In reality, gripped by a new passion, he was studying and learning everything he could about the new vehicles and soon became a renowned and sought-after expert. In 1900, Fiat (which had been founded a year earlier), bought out Ceirano and took on the firm's workforce: the young Vincenzo, not yet 20 years of age, became a talented tester and driver for Senator Agnelli's Squadra Corse.

In November 1906, Vincenzo Lancia decided to branch out on his own and founded the Fabbrica Automobili Lancia & C. Influenced by the intensive work conducted at Fiat, his company took an all-round innovative approach to the "automobile", from the engine to the chassis. In the November of 1907, the first Lancia car rolled onto Via Ormea, outside the company premises. It was an Alpha.

In the spring of 1919, Ugo Zagato left the Officine Pomilio and opened his own workshop in Via Francesco Ferrer, Milan, devoted to the construction and repair of bodywork for cars and aircraft. Applying a rigorous aeronautical approach and adopting the principles of the typically Milanese school of design, inspired by the dictates of the German Bauhaus,

On the facing page, top, the Lancia Aurelia B20 Sport and, below, the 1959 Lancia Appia Sport GTE.

ed adottando i principi della scuola di design tipica milanese, ispirata ai dettami della Bauhaus tedesca, Zagato rifiuta di concentrarsi su stili leziosi e decorativi, tendine di tela ai finestrini e cuscini trapuntati. Si dedica alle forme e, soprattutto, ai materiali utilizzando lastrature in alluminio su "carlinga" di legno. Il solco è tracciato: razionalismo e funzionalismo, leggerezza e aerodinamicità.

Lancia + Zagato = Sport

I "vestiti Zagato", subito apprezzati per questo nuovo, ingegnoso e moderno approccio all'arte del carrozziere, dopo i primi esiti su telai di lusso, iniziano ad essere apprezzati soprattutto sulle automobili sportive e da corsa: permettono di migliorare agilità e prestazioni e cominciano a imporsi con forza sui campi di gara.

In questo contesto l'innovatore Ugo Zagato e l'innovatore Vincenzo Lancia stabiliscono, come per una specie di forza del destino, un'armonia speciale. Nella seconda metà degli anni Venti dalle nuove officine della Zagato di via Traiano, accanto agli stabilimenti dell'Alfa Romeo, esce la sua interpretazione della Lambda da corsa, chiesta con forza da clienti piloti ansiosi di guidare il proprio bolide alla vittoria. È un momento fondamentale: Lancia è un marchio conosciuto in tutta Europa, un brand di successo tra le vetture di lusso e da corsa. In quest'ultimo campo si esprimono una folta schiera di carrozzieri ma a Zagato viene riservata una denominazione speciale che permette di riconoscerlo immediatamente: Sport. D'ora in poi tutte le Lancia carrozzate Zagato saranno chiamate "Sport". Il rivoluzionario telaio della Lambda, il primo al mondo con architettura tipo "scocca portante", sposa le caratteristiche delle leggere carrozzerie Zagato: forme snelle e affilate, paraurti in un solo pezzo che dal passaruota anteriore si trasformano in pedane subito sotto la portiera e si rimodellano per avvolgere la ruota posteriore. La ruota di scorta viene agganciata in coda, messa nell'unico posto dove, oltre a non "rovinare" quel design così essenziale, non disturba il flusso del vento che accarezza la lamiera.

Alla pagina a fianco, in alto la Flaminia Sport "Tubolare" ripresa in due momenti di gara. Sotto, una delle prime versioni della Flaminia Sport, ispirata alla Tubolare da corsa. Si notino i fari carenati. In basso a sinistra, una fase dell'allestimento di una Flaminia Sport; a destra, la Flaminia Super Sport.

Zagato refused to focus on affected and decorative styles, fabric curtains at the windows and buttoned upholstery. He instead devoted himself to forms and, above all, materials, using beaten aluminium panels over a wooden "fuselage". The furrow had been traced: rationalism and functionalism, lightness and aerodynamics.

Lancia + Zagato = Sport

Following initial immediately appreciated results on prestige chassis, the new, ingenious and modern Zagato approach to the craft of coachbuilding began to attract devotees above all on sporting and racing cars: it permitted improved agility and performance and began to make a real impact on the track.

In this context the innovator Ugo Zagato and the innovator Vincenzo Lancia were made for one another and established a special harmony. In the second half of the 1920s the new Zagato workshops in Via Traiano, alongside the Alfa Romeo works, was producing an interpretation of the racing Lambda, strenuously demanded by client drivers anxious to drive their own cars to victory. This was a crucial moment: Lancia was a marque known throughout Europe, a successful brand in the luxury and racing car sectors. In this last field it was supported by a large number of coachbuilders but the Zagato models were reserved a special name that allowed them to be identified immediately: Sport. From then on, all the Zagato-bodied Lancias were known as "Sport" models. The revolutionary Lambda chassis, the first in the world with a monocoque construction, was ideally suited to the characteristics of the lightweight Zagato bodies: slim, sleek shapes, one-piece wings that from the front wheelarch transformed into running boards immediately below the doors and then flared out to swoop around the rear wheel. The spare wheel was attached to the tail, set in the only place where, as well as not "ruining" those simple lines, it would not disturb the flow of the wind over the panels.

On the facing page, top, the Flaminia Sport "Tubolare" seen at two moments in the race. Below, one of the first versions of the Flaminia Sport, inspired by the racing Tubolare. Note the faired headlights. Bottom left, a phase in the building of a Flaminia Sport; right, the Flaminia Super Sport.

312

83

ZAGATO

Anni Trenta: l'aerodinamica

È proprio il vento, nella decade successiva, uno dei protagonisti dell'evoluzione dell'automobile. I motori diventano sempre più grandi, sofisticati e, di conseguenza, le prestazioni aumentano. Su meccaniche sempre più veloci nasce l'esigenza di fendere l'aria con maggiore efficacia e di farne un alleato per migliorare stabilità e comfort: sono le prime applicazioni di aerodinamica.

Nel 1936, sul telaio di una Lancia Aprilia, Ugo Zagato progetta un coupé esasperatamente affusolato: l'Aprilia Sport è molto filante, con una coda lunghissima, a forma di ala d'aereo rovesciata. Con lui collabora l'ingegner Fabio Luigi Rapi, in forze all'Isotta Fraschini. L'anno dopo, ancora su meccanica Aprilia, ecco un'altra Aprilia Sport molto audace, in forma di una barchetta, seguita da una seconda, leggermente più tradizionale ma sicuramente più armoniosa e leggera. Iscritta alla Mille Miglia e guidata da Gigi Villoresi, vince la propria categoria. Sono anni importanti per il carrozziere, caratterizzati da un grande sforzo produttivo: ne è riprova la massiccia presenza di automobili Zagato alla Mille Miglia del 1938: ben trentotto vetture.

Anni Cinquanta: le Gran Turismo

Superato il periodo bellico durante il quale Ugo Zagato continua a condurre studi sulla forme di carrozzeria, giungendo all'invenzione della forma cosiddetta Panoramica con cockpit aeronautico, utilizzata sulla Lancia Ardea, la seconda metà degli anni Quaranta vede la nascita della categoria Gran Turismo, "inventata" a Milano dal giornalista Giovanni Canestrini e dal Conte Giovanni Lurani, noto gentleman driver. Con questa classe sportiva viene riempito il vuoto esistente tra i raggruppamenti Turismo e Sport e creato un ambiente ibrido che integra le caratteristiche di entrambe.

I principi che stanno alla base del concetto di automobile GT, infatti, sono chiari, semplici e cristallini, come una carroz-

Alla pagina a fianco, sopra a sinistra la Flavia Sport e, a destra, il prototipo caratterizzato dalla ruota posteriore parzialmente coperta dalla carrozzeria. Sotto, la Flavia Sport Prototipo dell'equipaggio Crosina-Frescobaldi alla Targa Florio del 1964 e, in basso, la Flavia Super Sport apparsa al Salone di Torino del 1967.

The Thirties: aerodynamics

Over the following decade wind was to be one of the protagonists in the evolution of the automobile. Engines became ever larger and more sophisticated and performance consequently improved. With the rolling chassis becoming ever faster, there was an increasing need to carve through the air more efficiently and to ensure the flow contributed to stability and comfort: these were the first applications of aerodynamics.

In 1936, Ugo Zagato designed an extraordinarily sleek coupé on a Lancia Aprilia chassis: the Aprilia Sport was very streamlined, with a very long tail in the form of an overturned wing. Zagato was assisted in the design of the car by Fabio Luigi Rapi, then employed by Isotta Fraschini. The following year, the Aprilia chassis was again the basis for another very audacious Sport model, an open barchetta, followed by a second that was slightly more traditional, but certainly more harmonious and lighter. Entered for Gigi Villoresi to drive in the Mille Miglia, it won its category. These were important years for the coachbuilder, characterised by great efforts on the production front: this is shown by the massive presence of Zagato cars at the 1938 Mille Miglia, with no less than 38 cars being entered.

The Fifties: the GTs

Having survived the war years, during which Ugo Zagato continued to study bodywork shapes, arriving at the invention of the so-called Panoramica style with an aeronautical cockpit used on the Lancia Ardea, the second half of the 1940s saw the birth of the Gran Turismo category, "invented" in Milan by the journalist Giovanni Canestrini and Count Giovanni Lurani, a well-known gentleman driver. This class of car filled the gap between the Touring and Sport categories and created a hybrid integrating features of both.

On the facing page, above left, the Flavia Sport and, right, the prototype characterised by the partially enclosed rear wheel. Below, the Flavia Sport Prototype driven by Crosina-Frescobaldi in the 1964 Targa Florio and, bottom, the Flavia Super Sport which appeared at the Turin Show in 1967.

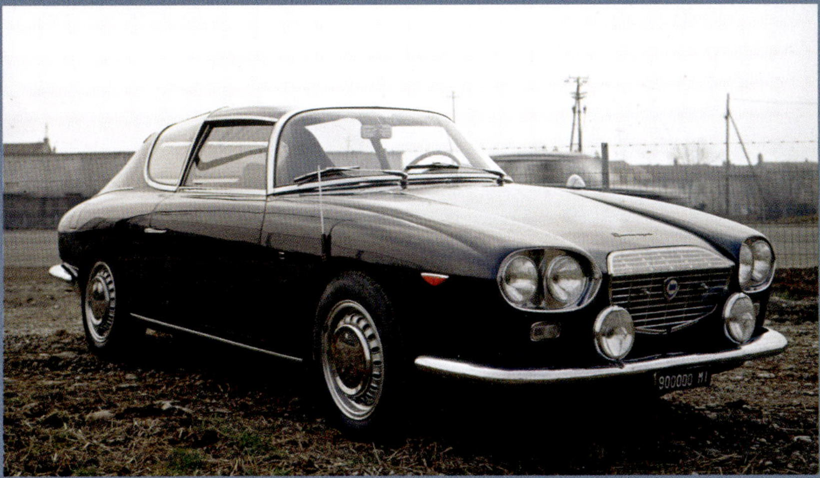

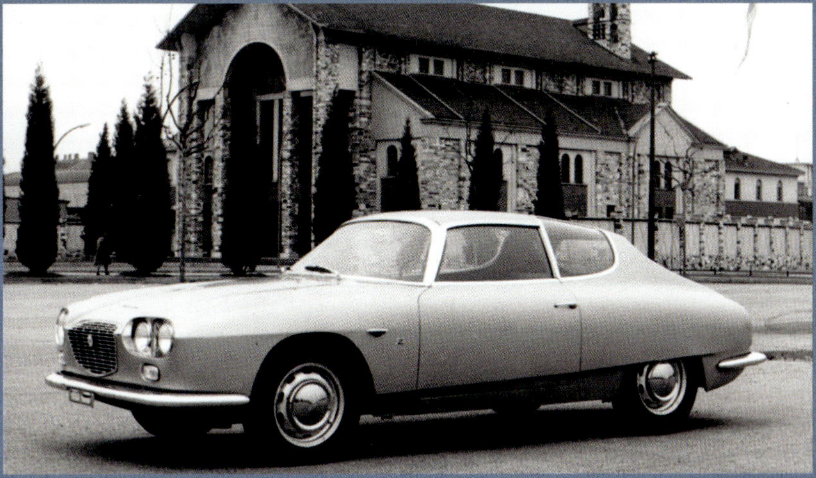

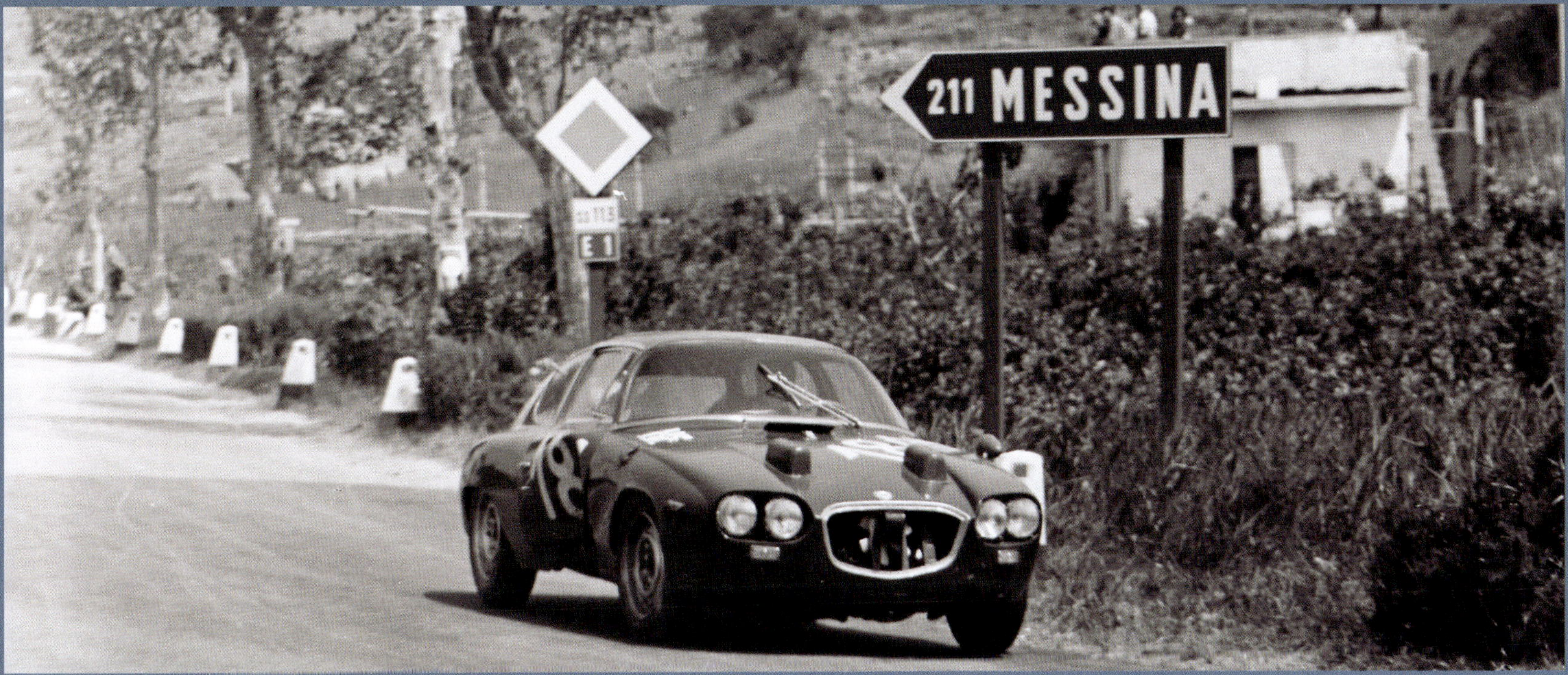
211 MESSINA

PIRELLI
PISTA PROVE PNEUMATICI

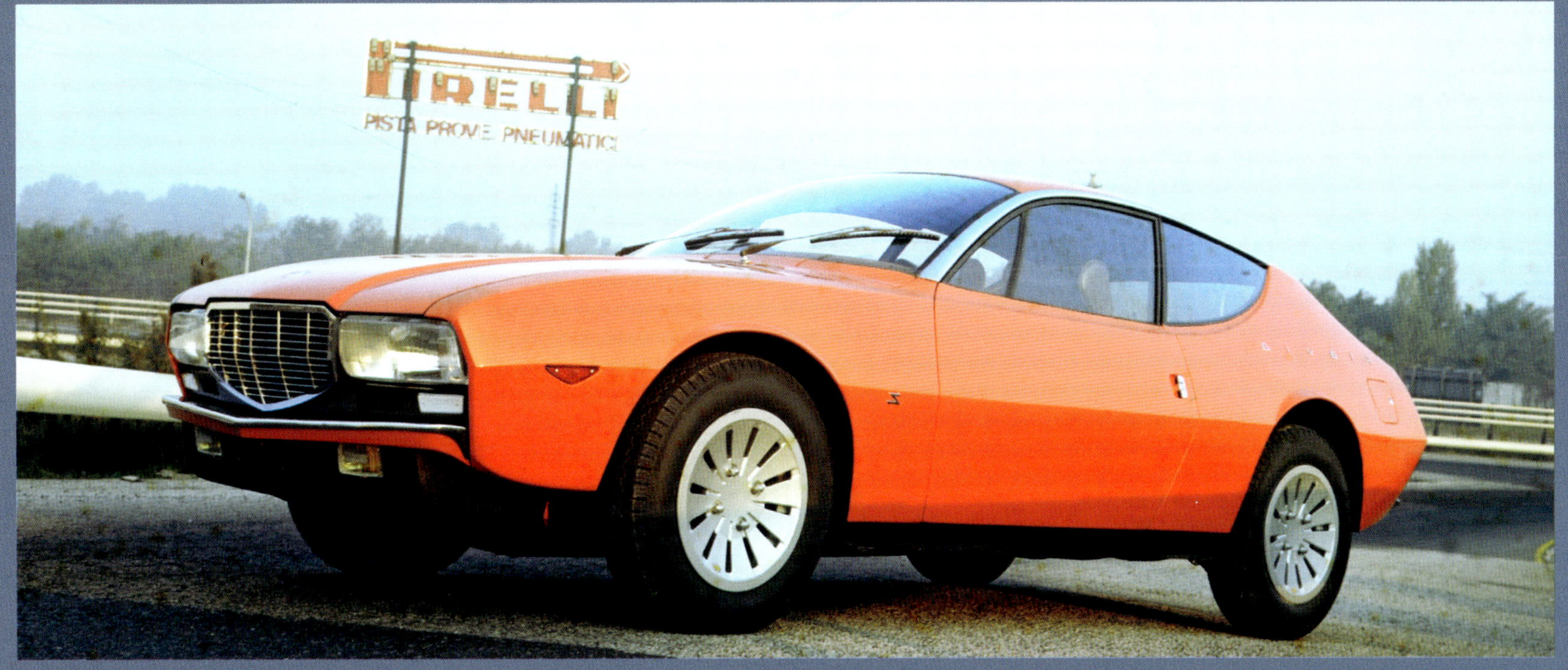

zeria Zagato: comfort considerato accettabile per un normale utilizzo su strada durante la settimana ma una meccanica capace di correre (e vincere!) nel weekend. Il marchio milanese, grazie anche all'ingresso sulla scena di Elio Zagato, primogenito di Ugo, promoter ufficiale dell'azienda di famiglia nel ruolo di pilota con le auto aziendali, diventa a poco a poco il marchio preferito dei principali costruttori che animano la serie, i quali affidano alla carrozzeria la "vestizione" dei loro modelli Gran Turismo. Fra queste, nel 1955, vengono realizzati tre esemplari della Lancia Aurelia B20 Sport, una delle GT più apprezzate del periodo. In questa configurazione è ancora più estrema ed efficace.

Elio Zagato e Carlo Pesenti

Nello stesso periodo, grazie all'amicizia con Alberto Ascari, Elio Zagato getta le basi per una importante collaborazione con la Casa di Chivasso. Questi lo presenta al proprietario, Carlo Pesenti, con il quale si definisce in breve tempo il progetto per una fuoriserie. L'idea si concretizza in un prototipo sulla base della Lancia Appia, presentato al Salone di Torino del 1956 e, successivamente in alcuni eventi d'eleganza. La vettura piace e nel mese di gennaio 1957 debutta in forma definitiva per il listino: si chiama Appia GT e presenta uno stile inconfondibile secondo i canoni stilistici del carrozziere.

Questo modello costituisce per l'azienda una svolta epocale, l'inizio di un ritmo produttivo con caratteristiche quasi semi-industriali e che, unitamente alle altre commesse da parte dei marchi più importanti del momento (Aston Martin, Alfa Romeo, Fiat, Ferrari, Maserati, Jaguar, Porsche...) spingeranno l'azienda a traslocare, nel 1961, in un nuovo e più grande stabilimento a Rho, a due passi dalla futura sede dell'impianto produttivo Alfa di Arese. Alla prima versione dell'Appia segue nel 1959 la GTE e, nel 1961, l'Appia Sport, quest'ultima con un allestimento specifico per correre.

Alla pagina a fianco, dall'alto in senso orario, la Fulvia Sport 1.2, la Fulvia Sport "Daytona" alla 12 Ore di Sebring del 1969 (Maglioli/Pinto), la Fulvia Sport 1.2 e ancora la Sport 1.2 durante le operazioni di scarico all'aeroporto di San Francisco (California) in vista del Salone che si sarebbe svolto in quella città.

On the facing page, From the top, clockwise, the Fulvia Sport 1.2, the Fulvia Sport "Daytona" at the Sebring 12 Hours in 1969 (Maglioli/Pinto), the Fulvia Sport 1.2 and again the Sport 1.2 during the unloading operations at San Francisco (California) airport ahead of the city's Motor Show.

The principle underlying the GT concept are in fact clear, simple and crystalline, just like a Zagato body: comfort considered acceptable for everyday road use during the week, but performance good enough to race (and win) at the weekend. Thanks in part to the part played by Elio Zagato, Ugo's eldest son, the official promoter of the family firm in his role as a driver of the works cars, the Milanese marque soon became the favourite of the main manufacturers in the sector who entrusted the coachbuilder with the "dressing" of their GT models. Among these, in 1955, were three examples of the Lancia Aurelia B20 Sport, one of the finest GTs of the period. In this configuration the cars was even more extreme and effective.

Elio Zagato and Carlo Pesenti

In the same period, thanks to his friendship with Alberto Ascari, Elio Zagato laid the foundations for an important partnership with the Chivasso-based firm. Ascari introduced him to the owner Carlo Pesenti with whom an agreement was quickly reached for the design of a fuoriserie or special model. The idea took the form of a prototype based on the Lancia Appia, presented at the Turin Motor Show in 1956 and then at number of concours d'elegance. The car proved popular and in the January of 1957 it made its debut in definitive production form: the Appia GT was unmistakeably a Zagato design, with all the coachbuilder's characteristic styling motifs.

This model represented a major turning point for the company as it initiated production on a semi-industrial scale and together with other commissions from some of the most important marques of the period (Aston Martin, Alfa Romeo, Fiat, Ferrari, Maserati, Jaguar, Porsche...) encouraged the firm to move in 1961 to larger premises at Rho, a stone's throw from the future Alfa Romeo plant at Arese. The first version of the Appia was followed, in 1959, by the GTE and, in 1961, by the Appia Sport, this last with a race-specific configuration.

Gli Anni Sessanta e Settanta: le Fuoriserie

Entrato negli anni Sessanta, il marchio Zagato vive e alimenta l'evoluzione dei gusti e delle tendenze nell'automobile. Dalla poliedrica vettura GT del decennio precedente, il concetto si sposta gradualmente verso una filosofia più orientata all'esclusività propria del modello "fuoriserie" (letteralmente: "fuori dalla serie"; mantiene interni e pannelli porta ma cambia la "pelle" esterna), conservando le alte prestazioni ed il carattere dinamico. D'altro canto l'auto da corsa diventa un concetto autonomo: auto estrema, inguidabile su strada e dedicata unicamente all'utilizzo sui campi di gara.

Su questa rinnovata filosofia si costruisce la fortuna della Lancia Flaminia Sport, fuoriserie per eccellenza degli anni Sessanta, nuovo modello di punta della gamma Lancia tra le proposte di auto stradali. La Flaminia in versione Sport di Zagato è un'auto con una classe straordinaria, bandiera del Made in Italy e della Dolce Vita, amata da Marcello Mastroianni e degna della prestigiosa immagine Lancia. La affianca una versione da corsa, battezzata Flaminia Tubolare e utilizzata come "muletto" per la definizione dello stile della vettura stradale. Viene impegnata con un certo successo nel Campionato GT con Elio Zagato in una molteplicità di scenari: dal circuito stradale delle Madonie per la Targa Florio ai lunghi rettifili della pista di Monza.

Il successo della Flaminia Sport non conosce sosta: evolve in Sport 3C ("3 carburatori"), Sport 3C 2.8 (da 2.5) e, infine, nel 1965 in versione Super Sport con una serie di novità stilistiche: i fari anteriori sono leggermente carenati e la coda ha una forma particolare, denominata "tronca". È una più delicata applicazione della ricerca stilistica di Zagato su questo tema; sulle auto da corsa, infatti, gli esiti sono ben più rigorosi ed estremi.

Frattanto, nel 1964, Zagato sconcerta il mondo del design con una proposta formale di rottura, un vero e proprio scossone ai canoni in vigore ma, tutto sommato, perfettamente in linea con il proprio stile. La Flavia Sport è una sportiva quattro posti elegante e confortevole per l'uso quotidiano ma studiata anche per le gare GT (vincerà, nel 1965, la massacrante Coppa delle Alpi). Sue caratteristiche peculiari sono le grandi superfici vetrate e l'originalissima forma del padiglione, con

Alla pagina a fianco, dall'alto in basso: la Fulvia Sport Spider (furono allestiti due esemplari, con e senza capote in tela), una grande pubblicità della Beta Sport Spider e due esemplari della versione sport spider del coupé torinese (nella foto in basso a destra, la 2.0 Special, edizione commemorativa dei settant'anni di attività di Zagato).

The Sixties and Seventies: the Fuoriserie

Moving into the 1960s, the Zagato marque drew on and fed the evolution of taste and trends in the automotive sector. From the versatile GT car of the previous decade, attention gradually shifted to the exclusiveness of the "fuoriserie" model (fuoriserie literally meaning "non-production"; these models retained interiors and door panels but changed the external "skin"), conserving the high performance and dynamic characteristics. Then again, the racing car had by then developed into an autonomous concept: an extreme vehicle, undriveable on the road and devoted exclusively to use in competition.

It was on this renewed philosophy that the success of the Lancia Flaminia Sport was constructed, a fuoriserie par excellence, the diamond tip of Lancia's road car range. The Flaminia in Zagato Sport form is a car of extraordinary class, an emblem of the Made in Italy phenomenon and the Dolce Vita, beloved of Marcello Mastroianni and worthy of the prestigious Lancia image. It was flanked by a racing version, known as the Flaminia Tubolare and used as prototype for the definition of the styling of the road car. Elio Zagato drove it with a degree of success in the GT championship in a multiplicity of settings: from the Madonie road circuit of the Targa Florio to the long straights of the Monza circuit.

The success of the Flaminia Sport was continuous: it evolved into the Sport 3C (three carburettors), Sport 3C 2.8 (from 2.5) and lastly, in 1965, the Super Sport version with a series of styling modifications: faired headlights and a truncated tail. This was a more delicate application of Zagato's research in the area: on the racing cars the results were much more rigorous and extreme.

In the meantime, in 1964, Zagato shocked the design world with a breakaway proposal, a true shake-up of the established canons, yet perfectly consistent with his own approach. The Flavia Sport was an elegant and comfortable four-seater sports car for everyday use that was also designed for GT racing (in 1965 it was to win the gruelling Coppa delle

On the facing page, from top to bottom: the Fulvia Sport Spider (two examples were built, with and without a canvas hood), a large advertisement for the Beta Sport Spider and two examples of the sport spider version of the Turinese coupé (bottom right, the 2.0 Special, a limited edition commemorating Zagato's 70th anniversary).

LANCIA
ZAGATO
1980 World Champion*

BRAMAN

i vetri laterali fissi studiati per salire e incurvarsi sul tetto. Viene definita un'auto espressionista per le soluzioni adottate. Nondimeno raccoglie l'approvazione del pubblico che ne sostiene la produzione (due versioni: con motore 1.6 e 1.8) fino al 1967. Anche in questo caso le fa da supporter una versione "pura" da corsa, la Flavia Sport Prototipo, caratterizzata dal passo accorciato (ne vengono allestiti solo due esemplari).
L'originalità formale alla base della Flavia Sport Zagato ha il suo gran finale proprio al Salone di Torino del 1967: in quell'occasione lo stand Lancia espone la Flavia Super Sport, auto dalle forme audaci e innovative. Nasce, tuttavia, nel periodo sbagliato: la Lancia sta per essere acquisita dalla Fiat e, per questo, rimane un prototipo. Ciononostante il forte approccio innovativo al design ha ispirato i modelli successivi fino alla produzione corrente.
Al Salone di Ginevra del 1965, nel frattempo, ha debuttato la Lancia Fulvia Sport, il modello di maggior successo nella storia della collaborazione tra i due brand: oltre 7.000 esemplari. Ha la stessa meccanica della Coupé ma grazie a un'aerodinamica più affinata e al peso leggermente inferiore (75 kg) può raggiungere prestazioni più elevate (170 km/h contro i 160 della Coupé). Zagato, anche in questo caso, non manca di caratterizzarla con alcune particolarità: coperchio del baule con lunotto integrato e cofano motore incernierato a destra. Inizialmente la carrozzeria è realizzata integralmente in peralluman, una lega di alluminio e magnesio, scelta che introduce in Zagato i lamierati ottenuti per stampaggio. Nel 1967 questa diviene un'amalgama di peralluman (porte e cofani) ed acciaio, e dal 1970 si converte integralmente a quest'ultimo. All'interno di questo percorso produttivo la Fulvia si articola in versioni via via più potenti: l'iniziale 1.2 viene aggiornata in 1.3 nel febbraio 1967 e, successivamente, in 1.3 S. Alla fine del 1969 Lancia presenta un vigoroso aggiornamento: il motore è ancora il 1.3 S ma si adottano cambio a cinque marce in luogo del precedente a quattro rapporti, freni con doppio circuito e servofreno, nuovo sterzo, nuova frizione. La Fulvia Sport 1.3 S seconda Serie viene affiancata, nel 1971, dalla 1.6 S; entrambe concluderanno la produzione, e l'intero ciclo di vita della Fulvia Sport, nel 1972. Nel campo delle competizio-

Alla pagina a fianco, uno dei primi disegni della Delta Sport, il modello che avrebbe dovuto segnare l'evoluzione della *Hyena*. Prevista per il 1993, fu tuttavia sostituita dalla K Coupé.

On the facing page, one of the first drawings of the Delta Sport, the model that was to have marked the evolution of the *Hyena*. Planned for 1993, it was then replaced by the K Coupé.

Alpi). Its specific characteristics include the extensive glazing and the highly original upper body, with the side windows curving into the roof panel. It was defined as an expressionist car thanks to these features. Nonetheless, it received the approval of the public who supported its production (two versions: with 1.6- and 1.8-litre engines) through to 1967. In this case too the car was flanked by a "pure" racing version, the Flavia Sport Prototipo, characterised by a short wheelbase (just two examples were built).
The formal originality of the Flavia Sport Zagato had its gran finale at the Turin Motor Show in 1967: on that occasion the Lancia stand featured the Flavia Super Sport, a car of audacious and innovative style. It was born, however, at the wrong time: Lancia was about to be acquired by Fiat and for this reason the car remained a prototype. Nonetheless, the highly innovative approach to design inspired successive models through to the current production.
In the meantime, the Geneva Motor Show of 1965 saw the debut of the Lancia Fulvia Sport, the most successful model in the history of the collaboration between the two marques: over 7,000 examples being produced. It had the same mechanical specification as the Coupé but thanks to more sophisticated aerodynamics and a slightly lower weight (75 kg) it could reach a higher top speed (170 kph against the 160 of the Coupé). In this case too, Zagato introduced some unusual features: a hatch with integrated rear screen and a bonnet hinged on the right. Initially the bodywork was entirely in Peralluman, an alloy of aluminium and magnesium, a choice that introduced pressed body panels to Zagato. In 1967 this became a combination of Peralluman (doors, bonnet and boot) and steel while from 1970 the company converted to all-steel production. Within this production history, various increasingly powerful versions of the Fulvia were produced: the initial 1.2 was uprated to 1.3 in February 1967 and then to 1.3 specification. At the end of 1969 Lancia presented a major update: the engine was still the unit from the 1.3 S, but a five-speed rather than four-speed gearbox, dual circuit, servo-assisted brakes, new steering and a new clutch were all fitted. The Fulvia Sport 1.3 S second series was flanked in

322
25

ni, mentre la Fulvia Coupé domina nei rally, alla Fulvia Sport viene riservato l'asfalto. Una trentina di esemplari vengono allestiti come Fulvia Sport Competizione riportando numerose affermazioni assolute e di categoria. Fra queste, oltre a numerosi successi sulle salite, le due più prestigiose vengono conquistate nel 1969: vittoria di classe alla 12 Ore di Sebring ed alla 12 Ore di Daytona. Nel 1968, al Salone di Torino, Zagato presenta la variante Spider della Fulvia Sport. Realizzata su base meccanica 1.3 S, esplorava la possibilità di poterne realizzare una piccola serie. Prodotta in due esemplari, uno con e uno senza capote, non va oltre lo stadio di concept. Come la Flavia Super Sport, infatti, viene alla luce nel momento di passaggio del marchio Lancia al Gruppo Fiat.

Nel 1974 la collaborazione Zagato-Lancia continua con la Beta Sport Spider che debutta ufficialmente nel mese di marzo al Salone di Ginevra, una versione caratterizzata da un'originale configurazione di carrozzeria con tetto rigido asportabile e lunotto ripiegabile, assolutamente in linea con le tendenze del tempo (vedi Fiat X1/9, Porsche 911 Targa o la BMW Serie 3 Baur). Lo stabilimento Zagato di Rho riceve le scocche della Beta Coupé – sul mercato dal 1972 –, esegue tutte le modifiche strutturali, realizza gli allestimenti e le rispedisce a Torino per il montaggio della meccanica.

Nel corso della produzione la Beta Spider riceve gli stessi aggiornamenti della Beta Coupé, eccezion fatta per gli elementi della coda (fari e paraurti). Nel corso della produzione viene aggiornata nell'estetica, nell'equipaggiamento interno e nella meccanica. Nel 1979 viene presentata la 2.0 Special, edizione commemorativa per i sessant'anni di attività di Zagato ed esportata interamente negli Stati Uniti: tutti gli esemplari sono personalizzati con vernice nera decorata con una striscia dorata lungo la fiancata.

Il nuovo millennio

Il progetto della Lancia *Hyena* dei primi anni Novanta può considerarsi il colpo di coda in ambito agonistico del brand Lancia che nello stesso periodo decide di abbandonare definitivamente le competizioni rinunciando per sempre a quell'aura

Nel 2003, al Salone di Francoforte, Fiat Group presenta il prototipo della Fulvia coupé prendendo le mosse dalla Fiat Barchetta. Il progetto è realizzato con Zagato pensando in contemporanea alla versione sport.

1971 by the 1.6 S; both versions were produced through to the end of the Fulvia Sport's lifecycle in 1972. Around 30 examples were prepared to Fulvia Sport Competizione specification and secured numerous overall and category wins. Among these, along with numerous hillclimb wins, were the two prestigious triumphs in 1969 with class wins in the Sebring 12 Hours and the Daytona 12 Hours. In 1968, at the Turin Motor Show, Zagato presented the Spider version of the Fulvia Sport. Built on the mechanical platform of the 1.3 S, the car explored the possibility of creating a limited series. Produced in just two examples, one with and one without a hood, it failed to get beyond the concept stage. Like the Flavia Super Sport, in fact, it was created just as the Lancia marque was absorbed by the Fiat Group.

The Zagato-Lancia collaboration continued in 1974 with the Beta Sport Spider (making its official debut in March at the Geneva Motor Show), a version characterised by an original bodywork configuration with a removable rigid roof (and folding rear screen), in-line with the trends at the time (see the Fiat X1/9, Porsche 911 Targa and BWM Series 3 Baur). Zagato's factory at Rho received the Beta Coupé bodyshells (on the market since 1972), made all the structural modifications, applied all the finishings and sent them back to Turin where the mechanical assemblies were installed.

During the course of its production life, the Beta Spider received the same updates as the Beta Coupé, with the exception of the rear end features (lighting clusters and bumpers). The styling was updated, as were the interior equipment and the mechanical specification. The 2.0 Special was presented in 1979, a limited edition commemorating Zagato's 60th anniversary with the entire batch being exported to the USA: all featured black paintwork with a gold stripe along the flanks.

The new millennium

The Lancia *Hyena* project from the early Nineties may be considered as the Lancia marque's final fling in the sports car sector as it was in that period it decided to definitively abandon competition, thus foregoing that sporting aura that had

In 2003, at the Frankfurt Motor Show, the Fiat Group presented the prototype Fulvia Coupé based on the Fiat Barchetta. The project was realised by Zagato anc conceived at the same time as the sport version.

di sportività che aveva fatto parte della sua personalità. La Casa torinese inizia un processo di conversione della sua "brand image" verso un connotato maggiormente orientato al lusso, nell'ottica che ognuno dei marchi del Gruppo Fiat dovesse esprimere una qualità forte (la "sportività", quindi, resta un valore specifico del solo brand Alfa Romeo). La *Hyena*, invece, continua nell'affascinante compito di mantenere alta l'anima sportiva delle Lancia e la nobile famiglia delle Lancia Sport di Zagato.

Lei stessa potrebbe trovare la sua ideale prosecuzione nella Delta Sport, modello più evoluto sia dal punto di vista stilistico, sia progettuale rispetto alla *Hyena* a sua volta versione top di gamma della Delta. L'idea diventa realtà nel 1993, concluso il ciclo produttivo dei 24 esemplari della *Hyena*. Muovendo dalla base meccanica della nuova Lancia Delta, disegnata da Ercole Spada, è lui stesso chiamato a tracciarne le forme. Zagato, come sempre in sinergia con Lancia, segue tutte le fasi: design, piano di forma e modello in scala 1:1 per la realizzazione del prototipo e ingegnerizzazione (affidata alla Maggiora). Ma il Gruppo Fiat cambia direzione e concepisce la K Coupé in alternativa alla berlina, ponendo fine, di fatto, alla Delta Sport.

Nel 2003 Luca De Meo, allora in forze al Marketing strategico del Gruppo Fiat, torna sull'argomento sognando, per l'immagine elegante-sportiva del marchio Lancia, un ritorno in grande stile con conseguente effetto positivo sulle vendite, piuttosto indebolite in quel particolare momento. La scelta, per rappresentare al meglio questo nuovo corso, ricade sul modello più iconico della sua storia: la Fulvia. Queste considerazioni vengono, naturalmente, condivise con Zagato, da sempre il "carrozziere sportivo" della Casa. La Lancia Fulvia Coupé, infatti, era stata un vero mito nel mondo dei rally, mentre la Fulvia Sport aveva ottenuto risultati fondamentali in pista. Sul mercato, invece, l'azienda era riuscita a dare a queste due auto il connotato giusto: la Coupé veniva scelta "anche" dal pubblico femminile, la Sport Zagato si rivolgeva "soprattutto" a quello maschile. In un'ottica di economie di scala, infine, esse avevano condiviso dal punto di vista progettuale la stessa meccanica e lo stesso abitacolo. L'unica differenza era la pelle esterna.

La Lancia Fulvia Sport Zagato avrebbe potuto segnare un ritorno ai valori sportivi del brand Lancia grazie all'*heritage* dei modelli Sport e, in particolare, alle versioni Gran Turismo e fuoriserie carrozzate dal brand milanese fra gli anni Cinquanta e Settanta. L'idea di Andrea Zagato trovò ampio consenso in Luca De Meo, una delle menti più brillanti del Marketing di Fiat Group degli ultimi anni.

---

always been a part of its character. The Turin marque initiated a process of converting its brand image towards the luxury sector, in view of the fact that each of the Fiat Group marques was required to reflect a single core quality (with "sport" remaining a specific value of the Alfa Romeo marque alone). The *Hyena* instead continued to fly the flag for Lancia's sporting heritage and the noble family of the Zagato-bodied Lancia Sports.

It might well have found its ideal prosecution in the Delta Sport, a more evolved model in terms of styling and design that the *Hyena*, at its time the pinnacle of the Delta range. The idea became reality in 1993, once the 24 examples of the *Hyena* had been completed. On the basis of the running gear of the new Lancia Delta designed by Ercole Spada, it was Spada himself who was asked to trace its forms. Zagato, as ever in synergy with Lancia, was involved in all the various phases: design, lines drawing and full size model for the construction of the prototype and production engineering (entrusted to Maggiora). However, the Fiat Group changed direction and came up with the K Coupé as an alternative to the saloon, effectively putting an end to the Delta Sport.

In 2003, Luca De Meo, then working in the Strategic Marketing division of the Fiat Group, returned to the subject with the dream, for the image of sporting elegance of the Lancia marque, of a return in grand style with a consequent boost for sales, which were rather weak at that time. The choice, to represent to best effect this new direction, fell on the most iconic model in its history: the Fulvia. These considerations were naturally shared with Zagato, traditionally the marque's "sporting coachbuilder". The Lancia Fulvia Coupé had in fact achieved legendary status in rallying while the Fulvia Sport had enjoyed excellent results on the track. In marketing terms the company had succeeded in giving the two cars appropriate connotations: the coupé was "also" bought by a female clientele, while the Sport Zagato was aimed "above all", at male buyers. In the interests of economies of scale, they also shared, from a design point of view, the same running gear and the same cockpit. The only difference was the external skin.

The Lancia Fulvia Sport Zagato could have marked a return to the sporting values of the Lancia marque thanks to the heritage of the Sport models and, in particular, the GTs and specials bodied by the Milanese coachbuilder from the 1950s to the 1970s. Andrea Zagato's idea found support from Luca De Meo, one of the most brilliant marketing men at the Fiat Group in recent years.

Ci sono tutti gli ingredienti, dunque, per ripartire laddove tutto si era fermato dopo la Delta e riproporre al mondo una nuova Lancia Fulvia: in versione Coupé e in versione Sport Zagato. Con il contributo del brand milanese, la Lancia avrebbe potuto tornare a recitare un ruolo che le era stato proprio nei decenni precedenti. Per la piattaforma la scelta viene indirizzata verso la Fiat Barchetta. Il prototipo della nuova Lancia Fulvia Coupé, disegnato, ingegnerizzato e sviluppato in sinergia con il management Lancia e in parallelo con la versione Sport Zagato, viene presentato al Salone di Francoforte del 2003 mentre è quasi completato quello della Fulvia Sport. Il successo è grande, l'aspettativa ancora di più, ma l'entusiasmo deve essere in breve frenato dalla decisione finale dei vertici del Gruppo che decidono di congelare il progetto.

Nel 2004, ancora una volta con il contributo del brand Zagato, Lancia propone al Salone di Ginevra un concept per un modello con caratteristiche più sportive. L'operazione interessa la Lancia Ypsilon alla quale Zagato dona un connotato più maschile per allargare la base di clientela. La Lancia Ypsilon Sport ha uno stile evocativo, espresso dagli elementi esagonali della parte inferiore della calandra, ispirati alla Fulvia anni Settanta. Carreggiate allargate, pneumatici maggiorati e assetto ribassato fanno il resto. Quello che manca e che non consente a questo prototipo di concretizzarsi in un modello di produzione è una motorizzazione adeguatamente frizzante per giustificare un'altisonante e mascolina versione Sport Zagato.

L'ultima interpretazione in chiave sportiva di una Lancia secondo la filosofia Zagato fu la Ypsilon Sport, presentata al Salone di Ginevra del 2004 e poi restata allo stadio di prototipo.
Alla pagina a fianco, gli interni del concept della Ypsilon Sport sviluppati in realtà virtuale. Si possono notare i quattro sedili separati, realizzati ispirandosi alle sedute sportive delle vetture Lancia degli anni Sessanta e Settanta.

The final interpretation of a Lancia in a sporting key according to the Zagato philosophy was the Ypsilon Sport, presented at the Geneva Motor Show in 2004 and then left at the prototype stage.
On the facing page, the interiors of the Ypsilon Sport concept developed in virtual reality. Note the four separate seats, inspired by the sports seats of the Lancia cars of the 1960s and 1970s.

There were, therefore, all the ingredients for restarting from where everything had stopped following the Delta and once again offering a new Lancia Fulvia to the world: in Coupé or Sport Zagato versions. With the contribution of the Milanese marque, Lancia could have returned to a role it had made its own over the previous decades. The choice of platform fell on the Fiat Barchetta. The prototype of the new Lancia Fulvia Coupé, designed, engineered and developed in synergy with Lancia management and in parallel with the Sport Zagato version, was presented at the Frankfurt Motor Show in 2003, while the Fulvia Sport version was almost ready. The prototype was enthusiastically received and expectations were sky high, but the bubble burst when the powers that be at the group took the final decision to put the project on hold.

In 2004, once again with the contribution of Zagato, Lancia presented at concept car at the Geneva Motor Show with more sporting characteristics. The operation concerned the Lancia Ypsilon to which Zagato a more aggressive connotation to widen the potential client base. The Lancia Ypsilon Sport featured evocative styling, as expressed by the hexagonal elements in the lower part of the grille, inspired by the Fulvia from the 1970s. Wide tracks, wider tyres and a lower stance did the rest. What was missing and what prevented this prototype from being turned into a production model was an engine sufficiently dynamic to do justice to a blue-blooded and aggressive Sport Zagato.

Lancia Sport by Zagato

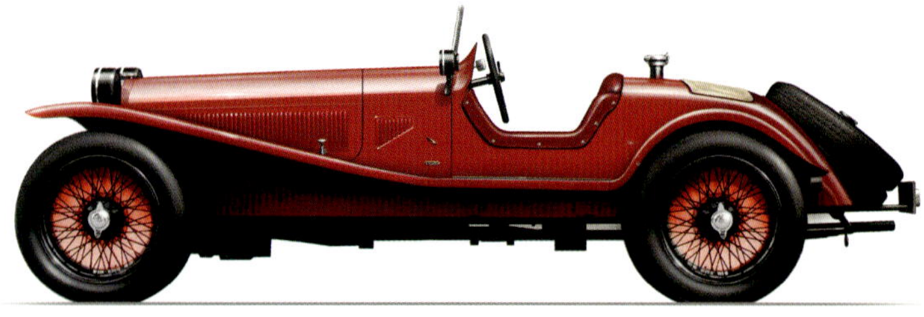

1927 – **Lancia Lambda Sport**

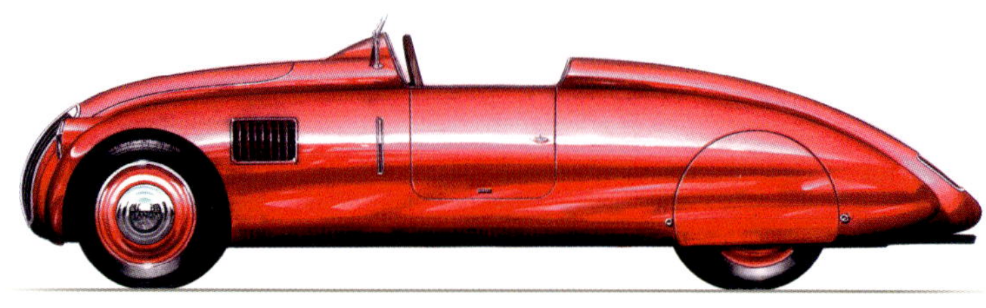

1938 – **Lancia Aprilia Sport**

1955 – **Lancia Aurelia B20 Sport**

1957 – **Lancia Appia GTE**

1958 – **Lancia Flaminia Sport**

1961 – **Lancia Appia Sport**

1963 – **Lancia Flavia Sport**

1964 – **Lancia Flaminia Super Sport**

1965 – Lancia Flavia Sport

1967 – Lancia Flavia Super Sport

1968 – Lancia Fulvia Sport HF Daytona

1968 – Lancia Fulvia Sport Spider

1972 – Lancia Fulvia Sport

1980 – Lancia Beta Sport Spider

1992 – Lancia *Hyena*

2005 – Lancia Ypsilon Sport

Capitolo 3

La visita di Paul Koot

Paul Koot è nato ad Ede, in Olanda, nel 1958. Il papà ingegnere nutriva una profonda passione per le belle auto italiane, passione tanto contagiosa che fu trasmessa anche al figlio, il quale trascorse la sua gioventù a stretto contatto di Lancia Flaminia, Aurelia e Fulvia. A vent'anni Paul già è titolare di una piccola officina meccanica; le sue prime esperienze sono sulle moto per poi passare alle auto da demolire, abilmente smontate per recuperare i preziosi pezzi di ricambio. Pur laureatosi in una fase successiva in Scienze Politiche, non ha mai abbandonato il mondo dei motori ed anzi, con impegno e passione, ha fatto crescere la sua officina fino a farla diventare punto ufficiale di assistenza Lancia per l'Olanda.

Nel 1983 ha battezzato questa sua attività "Lusso Service Holland", con sede a Duiven; l'attività si è estesa al restauro, alla manutenzione, alla logistica ed alle operazioni doganali per l'importazione in Olanda di Ferrari, Maserati, Lamborghini, Jaguar, Aston Martin oltre che, ovviamente, Lancia e Alfa Romeo. Dal 1997 il nome dell'attività è stato cambiato in "Red Willow Racing", realtà tuttora esistente. Una curiosità: il termine "Willow", letteralmente "salice" o "giunco", è anche uno strumento flessibile usato per battere le lastre di alluminio nelle lavorazioni artigianali delle carrozzerie di auto "da sartoria" o di altissima gamma.

Nel 1990, Paul viene in Italia dall'amico Mario Galbiati, titolare di una carrozzeria che spesso svolgeva lavori di restauro per la Zagato.

Uno dei primi sketch, datati 1992, con alcune proposte di *facelift* della Lancia Delta Integrale Evo di serie. Si noti il particolare disegno dei cerchi ruota, ispirato a quello della Lancia Flavia Super Sport Zagato del 1967.

One of the first sketches from 1992 with a number of facelift proposals for the standard Lancia Delta Integrale Evo. Note in particular the design of the wheels, inspired by those of the Lancia Flavia Super Sport Zagato from 1967.

Chapter 3

Paul Koot visit

Paul Koot was born at Ede in Holland in 1958. His father was an engineer with a great passion for Italian car, a passion so contagious as to spread to his son who spent his youth in close contact with Lancia Flaminias, Aurelias and Fulvias. At 20 years old, Paul was already the owner of a small workshop; his early experience was with motorcycles before moving on to cars ready to be demolished, ably dismantled to recover valuable spare parts. Despite later graduating in Politics, he never abandoned the automotive world and in fact with commitment and passion he developed his workshop until it became the official Lancia service centre for Holland.

In 1983 he named this business based in Duiven "Lusso Service Holland": its activities were extended to include restoration, maintenance, logistics and customs operations for the importation to Holland of Ferraris, Maseratis, Lamborghinis, Jaguars, Aston Martins and, of course, Lancias and Alfa Romeos. In 1997, the business was renamed "Red Willow Racing" and still exists today. A curiosity: the term willow, as well as being the name of the plant, is also the flexible tool used in aluminium panel beating in the craft-built coachwork of bespoke or particularly prestigious cars.

In 1990, Paul came to Italy to visit his friend Mario Galbiati, the owner of a coachbuilding firm that frequently worked on restoration projects for Zagato.

Destiny had it that present in the workshop that day was Elio Zagato; Galbiati made the introductions and

SPOILER DEVIA FLUSSO ARIA
AI TERGICRISTALLI RIPORTATO
SU COFANO ORIGINALE

MUSETTO - MASCHERINA
"INTEGRALE"

PARAURTI ANTERIORE
DI NUOVO DISEGNO

NUOVI CERCHI RUOTA
DI MAGGIOR DIAMETRO (16")

COPRIBRANCARDO PIÙ
MASSICCIO E MORBIDO

ZAGATODESIGN

PROFILI CROMATI

ESTRATTORE ARIA VIZIATA
A "FLAP" MOBILE

BRACCIO TERGI
CARENATO

COPERTURA
IN PLEXIGLASS
DEI PROIETTORI

NUOVA
MASCHERINA

PROFILO CROMATO

ABOLIZIONE
SPOILER POSTERIORE

BOCCHETTONE
IN TINTA
VETTURA

ESTREMITÀ POSTERIORE
COFANO MOTORE RIALZATA
PER CARENARE I TERGI

CERCHI RUOTA DA 16"
DI NUOVO DISEGNO

ZAGATODESIGN

Il destino ha voluto che quel giorno fosse presente in officina anche Elio Zagato; Galbiati fa gli onori di casa e fra Elio e Paul c'è subito feeling, e Paul gli chiede di visitare la sua storica azienda.

Il giorno successivo, alla Zagato, Elio presenta a Paul anche suo figlio Andrea e lo invita a pranzo nella mensa aziendale. Una pasta e mozzarella (come ricorda ancora oggi chiaramente Paul!) e si chiacchiera del panorama automobilistico dei primi anni Novanta. A un certo punto Paul dice ad Andrea ed Elio: «È davvero un peccato che la Zagato non abbia più nella propria gamma una piccola coupé sportiva a marchio Lancia, magari con due posti e, perché no, contraddistinta dalla inconfondibile "doppia gobba"».

«Mah, veramente noi ce l'avremmo – replica Andrea – il disegno di un'auto come dici tu, l'abbiamo disegnata qualche giorno fa senza sapere ancora se potrà essere una Lancia. Quindi non abbiamo ancora deciso su quale pianale realizzarla...». E Paul, subito: «Perché non provate a valutare l'uso della Delta Integrale? È un'auto potente, ha appena vinto quattro Campionati del Mondo Rally e si dovrebbe prestare bene anche ad eventuali modifiche... e poi, come avete fatto con l'Alfa Romeo per la SZ e la RZ, così si potrebbe fare con la Lancia, che ne dite?». Andrea e suo padre si guardano, Elio fa un sorriso: questo è il preciso momento nel quale nasce la *Hyena*. Infatti, benché in Zagato pensassero da tempo ad una tale eventualità, mancava ancora l'occasione propizia per tradurre un'idea in un prototipo. Il progetto è il primo ad essere affidato interamente al giovane Andrea, neolaureato alla Bocconi, che si attiva subito per una prima valutazione dei costi e della fattibilità dello stesso.

Dopo qualche settimana Paul è di nuovo a Rho per firmare un accordo tra la Lusso Service B.V. e Zagato e produrre il

A sinistra, Paul Koot nei primi anni Novanta con Elio e un giovane Andrea Zagato davanti al modellino della *Hyena*. Il momento è topico: la firma del contratto che avrebbe affidato a Zagato proprio lo sviluppo della *Hyena* e alla Lusso Service Holland la gestione della parte commerciale dell'operazione. Alla pagina a fianco, due documenti importantissimi per la storia della *Hyena*: a sinistra, la richiesta di nulla-osta indirizzata dalla Zagato a Fiat Auto per la trasformazione delle Lancia Delta Integrale in... *Hyena*; a destra, il conseguente fax di replica, datato 6 marzo 1992, con cui Fiat autorizzava appunto la Carrozzeria Zagato alla trasformazione di circa 75 Lancia Delta in altrettante *Hyena*.

Left, in the early Nineties Paul Koot with Elio and a young Andrea Zagato in front of the Hyena model. This was a significant moment: the signing of the contract that entrusted Zagato with development of the Hyena and Lusso Service Holland with management of the commercial side of the operation. On the facing page, two extremely important documents in the history of the *Hyena*: left, the request for authorization from Zagato to Fiat Auto for the transformation of the Lancia Delta Integrales into... *Hyenas*; right, the consequent faxed reply dated 6 March 1992, with which Fiat authorized Carrozzeria Zagato to transform around 75 Lancia Deltas into the same number of *Hyenas*.

there was an immediate understanding between Elio and Paul asked him if he could visit his historic firm.

The following day at Zagato, Elio introduced Paul to his son Andrea and invited him to lunch in the company canteen. A pasta with mozzarella (as Paul still clearly recalls!) and a chat about the automotive scene in the early Nineties. At a certain point Paul said to Andrea and Elio: «It's a real shame that Zagato no longer has a small, Lancia-badged coupé in its range, maybe a two-seater and, why not... distinguished by a double bubble roof.»

«Well, actually, we do have one», replied Andrea, «or at least we have a drawing of the car you're talking about. We designed it a few days ago without knowing whether it could be a Lancia... So we haven't yet decided which platform it should be built on...» And Paul immediately came back: «Why don't you think about using the Delta Integrale? It's powerful, it's just won four World Rally Championships and should be well suited to modification... and what you did for Alfa Romeo with the SZ and the RZ, you could do for Lancia, couldn't you?» Andrea and his father looked at one another, Elio smiled: it was at that precise moment that the *Hyena* was conceived. In fact, even though Zagato had been considering a similar project for some time, the spark that would translate the idea into a prototype had hitherto been missing. The project was the first to be entrusted entirely to the young Andrea, a recent graduate from the Bocconi University, who immediately set about evaluating the costs and feasibility of the operation.

A few weeks later, Paul was back in Rho to sign an agreement between Lusso Service B.V. and Zagato to produce

Zagato Car srl
via Arese
20017 Terrazzano di Rho
Milano, Italia
telefono 02 93505341
telefax 02 9310285
telex 332528 Zagato I

SPETT/LE FIAT AUTO S.p.A.
C.so Agnelli n. 200

10135 T O R I N O

12.02.1992
LZ/ev-20243

OGGETTO: RICHIESTA NULLA-OSTA

Con la presente ci pregiamo richiederVi il rilascio del nulla-osta alla trasformazione di autovetture Lancia Delta Integrale secondo il figurino n. LZ1/07B/001 e il capitolato tecnico di trasformazione che alleghiamo in 5 copie.

La trasformazione sarà da noi eseguita a perfetta regola d'arte nel pieno rispetto delle normative vigenti ed in particolare senza alcun aggravio di peso sugli assi.

Risponderemo direttamente di qualunque eventuale anomalia delle vetture trasformate qualora le anomalie stesse possano essere imputabili alla nostra esecuzione.

Grati per la cortese attenzione ed in attesa di Vs. riscontro ci è gradita l'occasione per porgere distinti saluti.

ZAGATO CAR s.r.l.
IL PRESIDENTE
(Ing. G. Zagato)

CF / P. IVA 01257260164
Sede Sociale in Bergamo
Capitale sociale L. 1.380.000.000
Trib. Bergamo
Reg. Soc. 16937 vol. 15986
CCIAA Bg 187638
CCIAA Mi 1058551

Fiat Auto

Direzione Strategie Prodotto/Mercato
Prodotto

Corso G. Agnelli, 200 - 10135 Torino
Tel. (011) 3333.1 - Casella Postale 1202
Telegrammi Fiatauto - Torino
Telex 212280 - 211322 - 221638 - Fiatau I

Fiat Auto S.p.A. - Sede in Torino
Capitale Sociale L. 1400 miliardi
Trib. Torino 2387 - CCIAA Torino 545573
Comm. Estero - Posiz.: CCIAA TO M819837
Cod. Fiscale / P. IVA 02285320012

FO/mb.- 21/92

Spett.le

ZAGATO CAR srl

Via VARESE

20017 TERRAZZANO DI RHO

Milano

Richiesta nulla-osta modello "Hyena"

Facciamo seguito alla Vostra richiesta di rilascio del nulla-osta alla trasformazione di autovetture Lancia Delta Integrale secondo il figurino n° LZ1/07B/001, commercialmente identificato come modello Hyena.

Vi significhiamo che in punto di principio non abbiamo nulla in contrario al fatto che realizziate il modello Hyena, in un lotto unico di esemplari (circa 75 unità) riservati a clientela ed utilizzo specifici, quali collezionismo, manifestazioni sportive, gare in circuito chiuso, escludendo il normale canale di vendita e con garanzia a Vostro esclusivo carico.

Tuttavia, la natura dell'intervento da Voi proposto richiede un approfondimento ed analisi tecnica da parte degli enti Fiat Auto preposti e pertanto la concessione del nulla-osta tecnico costituisce elemento vincolante ed indispensabile ad un qualsiasi sviluppo commerciale.

Con l'occasione porgiamo cordiali saluti.

M. Clave

Un'ulteriore proposta stilistica sullo stesso tema presenta la parte superiore del musetto inclinata, uno spoiler per deviare il flusso diretto al tergicristallo, un copribrancardo con il logo Zagato e le ruote da 16" dal disegno ispirato alle auto da rally.

Another styling proposal on the same theme features an inclined upper part of the nose, a spoiler for the air flow towards the windscreen wipers, sill covers with the Zagato logo and 16" wheels inspired by those fitted to rally cars.

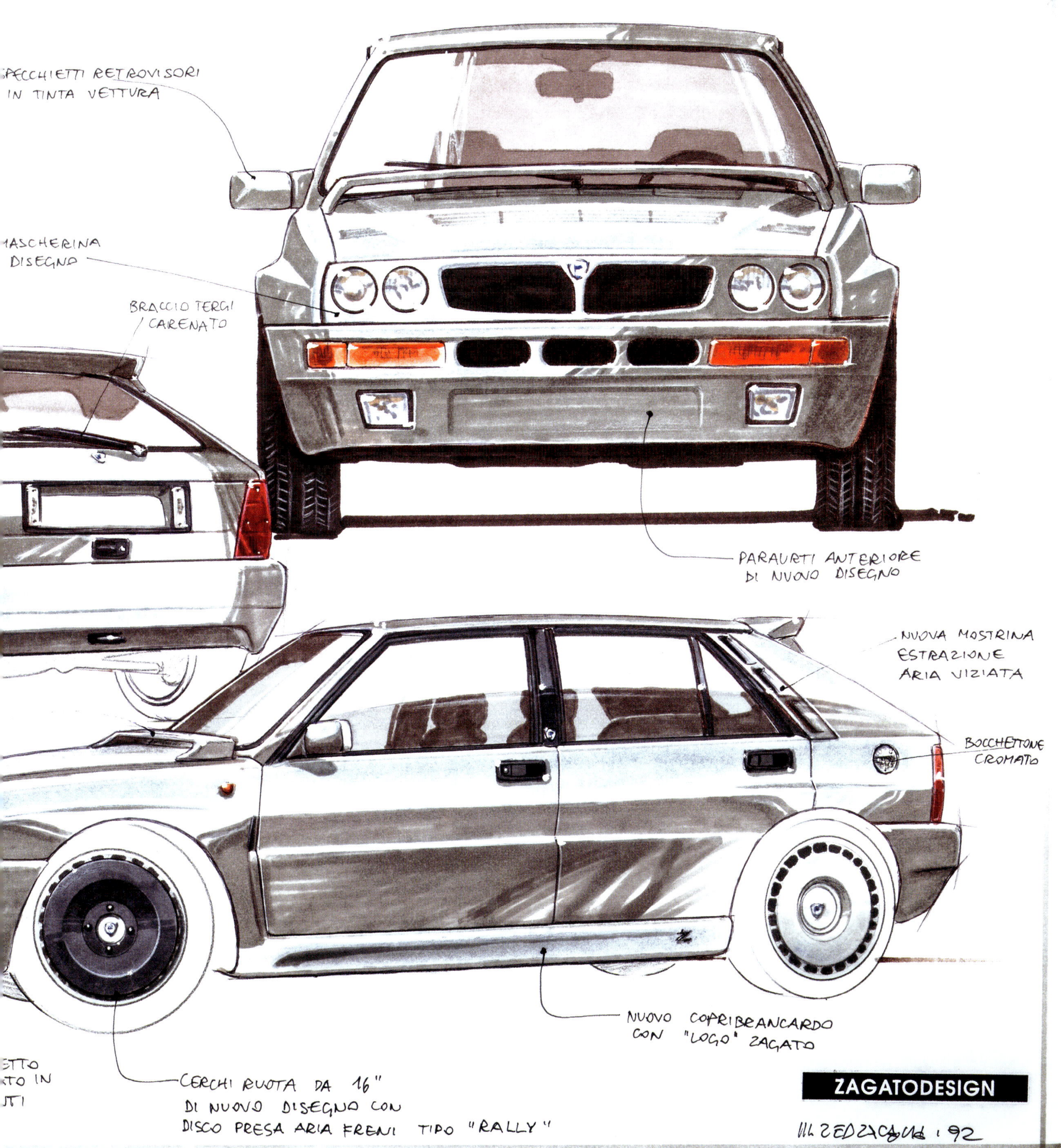
SPECCHIETTI RETROVISORI
IN TINTA VETTURA
MASCHERINA
DISEGNO
BRACCIO TERGI
CARENATO
PARAURTI ANTERIORE
DI NUOVO DISEGNO
NUOVA MOSTRINA
ESTRAZIONE
ARIA VIZIATA
BOCCHETTONE
CROMATO
NUOVO COPRIBRANCARDO
CON "LOGO" ZAGATO
CERCHI RUOTA DA 16"
DI NUOVO DISEGNO CON
DISCO PRESA ARIA FRENI TIPO "RALLY"
ZAGATODESIGN
'92

primo prototipo di una coupé sportiva su base Lancia Delta Integrale, erede di tante bellissime icone del passato. La nuova auto avrebbe avuto come "base" il pianale meccanizzato della Lancia Delta Evoluzione ma, nella migliore tradizione Zagato, sarebbe stata "vestita" da una aerodinamica, leggerissima e resistente struttura in alluminio, impiegando negli interni materiali derivati dalle competizioni come il carbonio o il kevlar. Anche il motore avrebbe potuto subire, su richiesta del cliente, un potenziamento al fine di rendere l'auto ancor più performante.
Una storica immagine immortala il momento in cui Elio Zagato, il figlio Andrea e Paul Koot firmano l'accordo. Sul tavolo si notano due modellini della *Hyena* in scala: uno in gesso bianco, in centro, e un secondo, colorato in azzurro, con i cerchi Speedline della Delta originaria. Questo dato è fondamentale perché testimonia l'esistenza del progetto in forma di concept di stile ancor prima della firma dell'accordo. Infatti Marco Pedracini era già stato incaricato, nei mesi precedenti, di provare a lavorare attorno alle linee squadrate della Lancia Delta, che ormai se-

1993, gli uomini del design del Gruppo Fiat: da sinistra Carlo Giavazzi, (Andrea Zagato), Ermanno Cressoni, Enrico Fumia (capo Centro Stile Lancia) e Walter dé Silva (capo Centro Stile Alfa Romeo). Alla pagina a fianco, lo sketch propone una particolare carenatura in plexiglas per i doppi proiettori tondi anteriori. Questo vezzo stilistico trovava ispirazione nella Fulvia Sport "Daytona". La classica mascherina anteriore della Delta è qui rivisitata con una forma più "morbida".

1993, the Fiat Group's design team: from the left Carlo Giavazzi, (Andrea Zagato), Ermanno Cressoni, Enrico Fumia (head of the Lancia Styling Centre) and Walter dé Silva (head of the Alfa Romeo styling centre). On the opposite page, this sketch shows an unusual Plexiglas fairing for the dual round headlights. This styling motif was inspired by the Fulvia Sport "Daytona". The classic Delta radiator grille has here been revisited with a softer shape.

the first prototype of a sporting coupé based on the Lancia Delta Integrale, the heir to numerous iconic beauties of the past. The new car would be based on the rolling chassis of the Lancia Delta Evoluzione, but in the best Zagato traditions it would be clothed with an aerodynamic, extremely light and strong body in aluminium, with competition-derived materials such as carbonfibre and Kevlar being employed for the interior. At the client's request, the engine could also be modified and uprated to provide the car with even higher performance.
An historic photo immortalises the moment in which Elio Zagato, his son Andrea and Paul Koot sign the agreement. On the table can be seen two scale models of the *Hyena*: one in white plaster at the centre, and a second, finished in blue, with the Speedline wheels of the original Delta. This is of fundamental importance as it testifies to the existence of the project in styling concept form even before the signing of the agreement. Marco Pedracini had in fact been asked a few months earlier to try working on the now dated square-cut lines of the Lancia Delta. Pedracini worked in particular on rounding and softening the lines of the celebrated Lancia, modernizing as far as possible the forms of the Delta, now over a decade old.

ZAGATODESIGN

gnavano il passo del tempo. Pedracini si adopera in particolare per arrotondare, ammorbidire le linee della celebre Lancia, modernizzando il più possibile le forme della ormai più che decennale Delta.

Ma come chiamare questo nuovo modello?

Il nome di quest'auto doveva riassumere in sé contemporaneamente il senso di potenza e di eleganza, di "cattiveria" e di grinta. Compito non facile, ma ad Andrea Zagato viene una brillante idea: osservando attentamente le linee dei primi figurini, ravvisa nella vettura le sembianze di un feroce animale in corsa, visto di profilo: la iena (in inglese hyena). Animale dotato dalla natura di una particolare struttura fisica, è uno dei pochissimi quadrupedi la cui muscolatura degli arti anteriori è sviluppata esattamente quanto quella dei posteriori, tanto che può essere considerato un animale "a trazione integrale", dotato quindi di uno scatto e di un'agilità fuori dal comune.

A sinistra, un giovane Walter de' Silva. Alla pagina a fianco, proposta di restyling piuttosto "conservativo", con nuovo cofano motore, mascherina dalla forma a scudetto più accentuata e faro antinebbia sdoppiato. Sotto, due immagini dell'Alfa Romeo R.Z. prodotta nel 1993 in soli 228 esemplari.

Left, a young Walter de' Silva. On the opposite page, a fairly conservative restyling proposal, with a new bonnet, a more accentuated shield grille and dual fog lamps. Below, two photos of the Alfa Romeo RZ produced in 1993 in just 228 examples.

But how was the new car to be called?

The name had to encapsulate the concepts of power and elegance, of aggression and energy. No easy task; But then Andrea Zagato had a brilliant idea: on carefully observing the first drawings he saw in the car as resemblance to a ferocious running animal seen in profile: the hyena. An animal equipped by nature with an unusual physical structure, the hyena is one of the very few quadrupeds in which the musculature of the front legs is equally as developed as that of hind legs, meaning that it may be considered as a "four-wheel drive" animal possessing an extraordinary spring and agility.

In the meantime, the young designer, Marco Pedracini, was working quickly on the 1:1 scale plaster model. Walter de' Silva, then head of the Arese Styling Centre, was also brought in by Andrea to contribute to the

PARAURTI ANTERIORE
DI NUOVO DISEGNO
CON MASCHERINA
INTEGRATA

NUOVO
COFANO MOTORE

FARO SDOPPIATO (FENDI-
NEBBIA + PROFONDITA')

PARAURTI POSTERIORE
DI NUOVO DISEGNO

NUOVI CERCHI RUOTA
DI MAGGIOR DIAMETRO (16")

ZAGATODESIGN

Frattanto il giovane designer Marco Pedracini lavora alacremente al primo modello in gesso in scala 1:1. Anche Walter de' Silva, allora a capo del Centro Stile di Arese, è coinvolto da Andrea nella definizione finale del modello. La *Hyena* è la prima vettura di cui Andrea è interamente responsabile e così pensa di coinvolgere l'amico Walter, per il quale nutre grandissima stima, che già aveva collaborato strettamente con la Carrozzeria di famiglia per la realizzazione della Alfa Romeo SZ (1989).

De' Silva suggerisce alcune modifiche migliorative durante l'esecuzione del modello finale in scala 1.1: le linee dell'auto vengono "stirate" per renderne il profilo ancor più filante e sportivo. La Zagato riesce così a presentare questo modello, verniciato di rosso, al Salone dell'Automobile di Bruxelles del 1992. Il successo di critica e di pubblico è immediato: moltissimi sono i clienti interessati ad acquistare un simile gioiello tanto che, in pochi giorni, vengono firmati contratti di vendita per 12 *Hyena*, una per un acquirente italiano, una per Paul Koot e 10 per Shozo Fujita della Zagato Japan. Paul si mette quindi all'opera con la Fiat-Lancia al fine di ottenere i necessari permessi per l'uso del marchio e delle Delta base sulle quali lavorare. La risposta della Lancia non tarda ad arrivare, con l'autorizzazione iniziale a produrre 75 *Hyena*. A firmare il documento ufficiale su carta intestata Fiat Auto, è uno dei dirigenti dell'epoca, il dott. Clava.

Ma purtroppo non tutti in Lancia sono perfettamente coordinati su un simile progetto. Così, quando è il momento di fornire i primi venti "telai marcianti" delle Delta (chassis, motore, trasmissione), inspiegabilmente la Casa madre inizia a tentennare, dicendo prima no, poi sì, poi negando di nuovo. Insomma, già in questa primissima fase non si trova un interlocutore che abbia davvero i titoli per decidere!

Paul Koot ed Andrea Zagato, al fine di avviare la produzione nella maniera più rapida possibile, si vedono così costretti ad ordinare le Lancia Delta Integrale alla rete di vendita ufficiale e non alla Lancia stessa. Paul passa un primo ordine di venti auto (10+10) al concessionario LAN.IM. (Lancia Import) in Olanda, con un'opzione per 75 vetture, come da progetto e

Spetta alla Lancia Delta Evoluzione il compito di fungere da "matrice" della *Hyena*. Nelle immagini in alto, ecco alcune delle tappe di avvicinamento verso il momento della "metamorfosi", con le Delta "Evoluzione" che giungono in Olanda sulla bisarca, pronte per essere "spogliate" presso la Lusso Service. In basso, la Delta "Evoluzione" nelle classiche quattro viste quotate.

---

final definition of the model. The Hyena was the first car for which Andrea was wholly responsible and he was therefore keen to involve his friend Walter, for whom he had great respect and who had already worked closely with the family business on the realization of the Alfa Romeo SZ (1989).

De' Silva suggested certain improvements during the execution of the final full-size model: the lines of the car were "tautened" to render it even sleeker and more sporting. Zagato therefore succeeded in presenting the car, finished in red, at the Brussels Motor Show in 1992. It met with immediate critical and public approval: there were numerous potential clients eager to purchase a similar jewel and in just a few days contracts were signed for the sale of 12 *Hyenas*, one of an Italian purchases, one for Paul Koot and 10 for Shozo Fujita of Zagato Japan. Paul therefore set to work with Fiat-Lancia to obtain the necessary permits for use of the marque and the Deltas on which to work. Lancia's reply was not slow in coming, with authorisation being given to produce 75 *Hyena*. Signing the official document on Fiat Auto headed paper was one of the directors of the time Dr. Clava.

Unfortunately, however, not everyone at Lancia was reading from the same page. When the time came top supply the first 20 Delta rolling chassis (monocoque, engine and transmission), inexplicably the company began to backtrack, first saying no, then yes, then no again... In short, in this very early phase it was already difficult to find any one with the real authority to make a decision.

In order to get production underway as quickly as possible, Paul Koot and Andrea Zagato found themselves obliged to order the Lancia Delta Integrales from the official sales network rather than from Lancia itself. Paul gave an initial order for 20 cars (10+10) to the dealer LAN.IM. (Lancia Import) in Holland, with an option for 75 cars, as per the original project and agreement with Fiat Auto. These cars were loaded onto transporters at the Lancia plant in Chivasso and sent to Holland, with their final destination being Lusso Service.

The Lancia Delta Evoluzione was the donor car for the Hyena. In the photos on the top, a number of the stages in the metamorphosis of the Delta Evoluziones that arrived in Holland on a transporter to be stripped down at Lusso Service. Bottom, the Delta "Evoluzione" in the classic four dimensioned views.

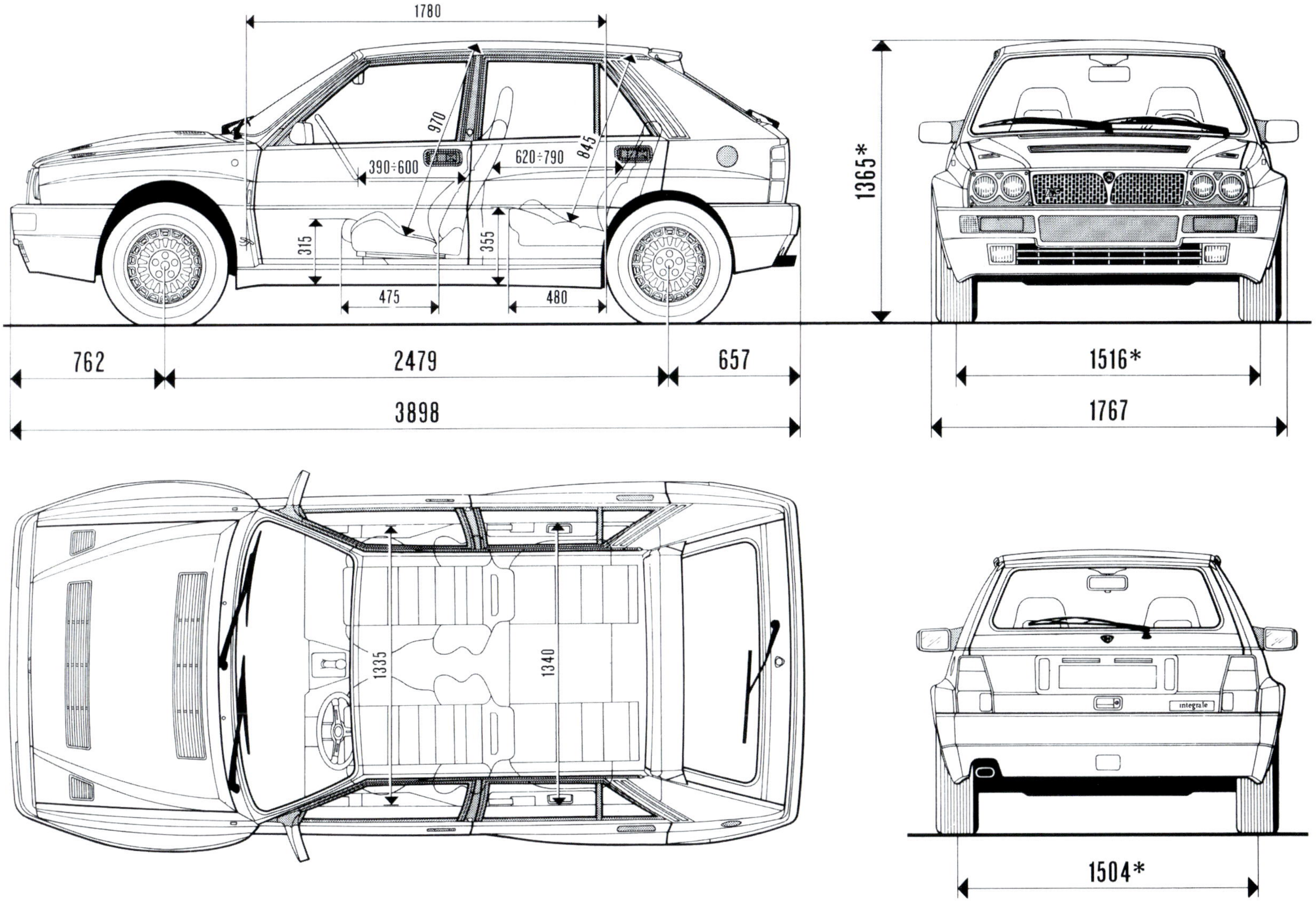

1780
970
845
390÷600
620÷790
315
355
475
480
762
2479
657
3898
1365*
1516*
1767
1335
1340
integrale
1504*

accordo iniziale con Fiat Auto. Queste auto vengono caricate sulle bisarche presso gli stabilimenti Lancia di Chivasso e partono verso l'Olanda, destinazione Lusso Service.

Fra le auto ordinate vi erano ovviamente le Delta che in quel momento il mercato offriva, incluse anche alcune serie limitate, come la Verde York e la Rosso Monza, con gli accessori allora disponibili: per esempio non tutte queste Delta acquistate avevano l'aria condizionata, ed a quelle cui mancava (circa la metà) fu aggiunta in seguito. Nonostante la Lancia non avesse di fatto fornito i telai marcianti, Paul Koot ritenne comunque conveniente condurre una simile operazione, in quanto tutte le parti "asportate" dalle Delta di serie sarebbero poi state rimesse in vendita sul mercato dei ricambi. Le porte, in modo particolare, andavano a sostituire quelle danneggiate durante i rallies e così anche per il portellone posteriore, i sedili e molte altre parti.

Le auto restavano praticamente "nude", con il solo telaio pronto per essere "tagliato via" con un colpo di flessibile, operazione che veniva poi svolta in Italia. Quindi venivano poi caricate nuovamente sulle bisarche, questa volta con destinazione Rho, per essere "abbigliate" da Zagato. Ancora oggi il vulcanico Paul conserva la sua *Hyena* Blu Madras.

A sinistra, Paul Koot, in un'immagine che lo ritrae oggi assieme alla famiglia e alla sua Lancia *Hyena*. Alla pagina a fianco, una suggestiva immagine della Lancia *Hyena* al Salone dell'Automobile di Bruxelles del 1992; in basso a sinistra, la copertina quanto mai sobria della cartella stampa ufficiale della *Hyena*, diffusa nell'ottobre dello stesso anno al Salone di Parigi; a destra, uno dei pochi materiali pubblicitari apparsi all'epoca per promuovere la *Hyena*. Nella parte inferiore dello stesso si notino i loghi e i recapiti sia della Zagato sia della Lusso, partner in questa avventura.

Left, Paul Koot, in a photo that shows him with his family and his Lancia *Hyena*. On the opposite page, an evocative photo of the Lancia Hyena at the Brussels Motor Show in 1992; bottom left, the particularly sober cover of the official press pack for the Hyena, distributed in the October of that year at the Paris Motor Show; right, one of the few examples of advertising that appeared at the time to promote the Hyena. In the lower part note the logos and addresses of both Zagato and Lusso Service, partners in this adventure.

Among the cars ordered were naturally the Deltas available on the market at that time, including a number of limited editions such as the Verde York and the Rosso Monza, with e accessories of the moment: for example, not all of the Deltas purchased had air conditioning and the cases where it was missing (around half) it had to be retro-fitted.

Even though Lancia had not directly supplied the rolling chassis, Paul Koot decided that the operation was nonetheless cost efficient as the components that were stripped from the cars could then be sold on the spare parts market. The doors, in particular, replaced those damaged during rallies as did the rear hatches, while the seats and many other parts found a ready market.

The cars were practically stripped bare, with the chassis ready to be cut away with an angle grinder, an operation that was undertaken in Italy. They were then loaded back onto transporters and taken to Rho where they would be "dressed" by Zagato. Still today, the volcanic Paul is the proud owner of his Madras blue *Hyena*.

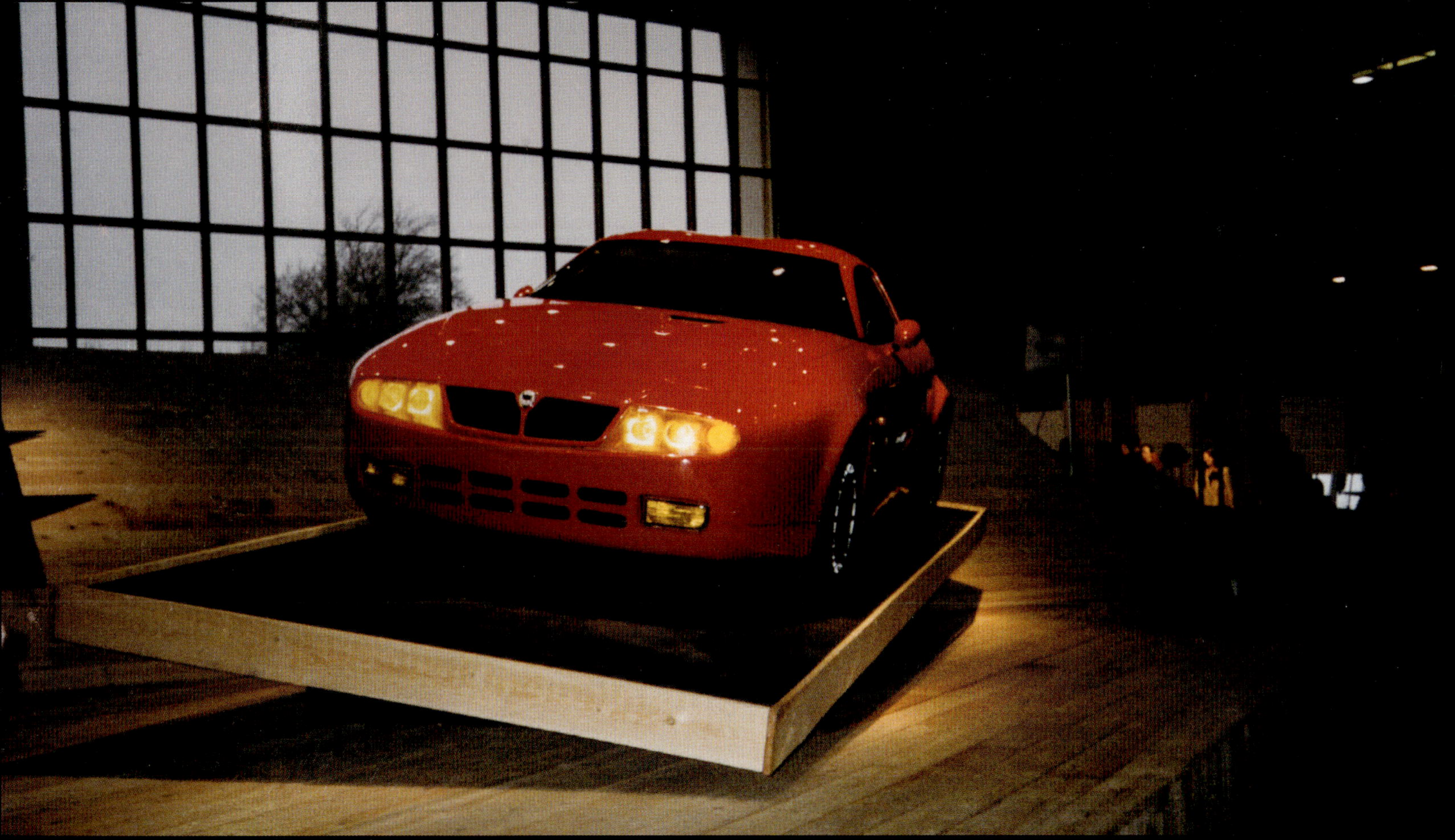

MONDIAL DE L'AUTOMOBILE
PARIS - PORTE DE VERSAILLES
6 - 18 OCTOBRE 1992

ZAGATO MILANO

Hyena

LUSSO

THE NEW LANCIA HYENA ZAGATO FROM ITALY

ZAGATO

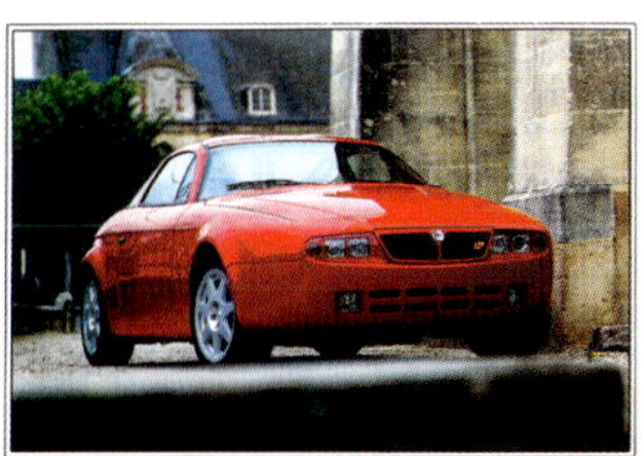

Hyena

ZAGATO MILANO

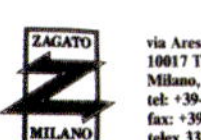

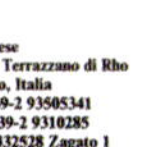

via Arese
10017 Terrazzano di Rho
Milano, Italia
tel: +39-2 93505341
fax: +39-2 9310285
telex 332528 Zagato 1

International Distribution & Sales
Lusso Service Holland
Nieuwgraaf 116
6921 RL Duiven, Holland
tel: +31-8303-16333
fax: +31-8303-16614
UK Agent: Mike Perry
Tel: 081-785 7217 Fax: 081-785 7217

LUSSO

Capitolo 4

Il design: Marco Pedracini, Walter de' Silva e Mario Maioli

Il responsabile dell'Area Tecnica in Zagato per il progetto Alfa Romeo SZ era stato l'Ing. Luciano Ceragioli passato poi alla Maggiora per seguire la messa in produzione a Chivasso della Delta Integrale.

L'Alfa Romeo S.Z. e l'Alfa Romeo RZ erano state realizzate da Zagato in stretta collaborazione con il giovane Walter de' Silva, appena giunto ad Arese per rifondare il Centro Stile Alfa Romeo. Il progetto *Hyena* nasce invece sul tavolo di un giovane designer, Marco Pedracini (ancora oggi è Project Manager presso Zagato), che Andrea sceglie per realizzare il primo concept sulla base di un suo briefing.

Assunto da Elio Zagato come *Young Designer* dopo la fine della collaborazione con Giuseppe Mittino, autore delle Aston Martin V8 Vantage e Volante, Marco Pedracini apprende – nella tipica tradizione della scuola carrozziera italiana – a realizzare i piani di forma in formato 1:1. Ma è Andrea, dopo il successo dell'Alfa S.Z., di concerto con Elio Zagato, a dare il primo importante briefing a Marco: ricreare l'entusiasmo che circondava i modelli Sport, da sempre marchio di fabbrica delle Lancia Zagato.

Nella nutrita e articolata schiera delle Lancia Zagato, siglate "Sport", sono numerose le suggestioni e gli echi stilistici che poi si ritroveranno nella *Hyena*. Si pensi, ad esempio, alla Lancia Aprilia Sport Zagato: la semplicità delle sue linee è qualcosa di stupefacente, soprattutto considerando che è un'auto datata 1938. Ma in questa ricerca dei prodromi della

Alcuni disegni preliminari di ricerca a firma di Marco Pedracini, datati 1990, per la definizione del design della vista frontale della *Hyena*, con varianti di dettagli della fanaleria.

Below, a number of preliminary sketches signed by Marco Pedracini and dated 1991 for the definition of the *Hyena's* front end design, with detail variations to the lighting clusters.

Chapter 4

The design: Marco Pedracini, Walter de' Silva and Mario Maioli

The head of the Technical Area at Zagato for the Alfa Romeo SZ project was Ing. Luciano Ceragioli who then moved on to Maggiora to help put the Delta Integrale into production at Chivasso.

The Alfa Romeo SZ and the Alfa Romeo RZ had been created by Zagato in close collaboration with the young Walter de' Silva, who had recently been appointed to reorganize the Alfa Romeo Styling Centre. The *Hyena* project was instead created on the drawing board of a young designer, Marco Pedracini (still today a project manager at Zagato), chosen by Andrea to produce the initial concept on the basis of his brief.

Hired by Elio Zagato as a young designer at the end of the collaboration with Giuseppe Mittino, the designer of the Aston Martin V8 Vantage and Volante, Marco Pedracini learnt to create full-scale lines drawings with Adami. It was, however, Andrea who, following the success of the Alfa SZ, together with Elio Zagato, gave the initial all-important briefing to Marco: to recreate the enthusiasm that had surrounded the Sport models, always the essence of the Lancia Zagatos.

Within this extensive and varied group of "Sport" models are numerous styling motifs and echoes that were to be rediscovered in the *Hyena*. Take for example the Lancia Aprilia Sport Zagato: the simplicity of its lines is stunning, especially considering that this is a car dating from 1938. However, in this search for the origins of the Hyena, particular attention

Hyena, un posto di primo piano spetta anche all'Appia Sport GTE (1960), la cui somiglianza con il profilo della *Hyena* è piuttosto evidente nella sua linea elegante e sportiva al tempo stesso. Questa Appia fu un modello molto importante per la collaborazione Lancia-Zagato, in quanto fu la prima Zagato del dopoguerra ad essere inserita nel listino ufficiale Lancia, segnando l'apice di una collaborazione che diventò sempre più stretta negli anni a venire, al punto che negli anni Sessanta Zagato arrivò ad essere considerato il carrozziere ufficiale per le vetture sportive della Casa di Chivasso, "vestendo" in pratica tutti i principali modelli Lancia nella versione Sport. È questo il caso anche della Flavia Sport Zagato (1963) con il suo design all'avanguardia, ma anche delle Flaminia Sport Zagato (1958-1967), vere granturismo dalle prestazioni eccezionali, capaci di vincere sui circuiti di tutta Europa.

Uno dei modelli di maggior successo commerciale fu, per Zagato, la Lancia Fulvia Sport (1965), auto con la quale il carrozziere milanese raggiunse la massima fama anche tra i clienti non "gentlemen driver" o collezionisti. Quest'auto restò in produzione per quasi nove anni, regalando numerosi successi sportivi ai suoi proprietari, come la splendida vittoria di classe alla 24 Ore di Daytona (11° posto assoluto), davanti alle tanto blasonate Porsche 908!

Indubbiamente anche la Fulvia è stata di ispirazione per la *Hyena*, in quanto molti degli stilemi presenti su questa carrozzeria si ritrovano nel modello oggetto di questa trattazione, così come altra fonte da cui trarre suggestioni è stata una vettura non Lancia, ma sempre Zagato, come l'Alfa Romeo Giulietta SZ del 1960.

Ma tornando ai fatti che hanno condotto alla nascita della *Hyena*, il briefing impartito da Andrea è molto semplice. Si tratta di disegnare un coupé, stilisticamente differente dall'Alfa SZ così come la Fulvia Sport era diversa dalla Alfa Romeo Junior Z, che avesse le seguenti caratteristiche: forme "neoclassiche", per ricordare i mitici modelli Lancia Sport; due posti secchi, e ruota di scorta all'interno dell'abitacolo come nella tradizione GT; linea che conferisse al prodotto una personalità molto riconoscibile come Zagato. Andrea Zagato suggerisce inoltre di utilizzare la stessa green-house

Marco Pedracini con i colleghi del reparto design della Zagato. Sotto due disegni definiscono le prime viste laterali della futura *Hyena*. Alla doppia pagina successiva, un'articolata serie di proposte per il design della parte posteriore della vettura.

has to be paid to the Appia Sport GTE (1960), with the resemblance between it and the profile of the *Hyena* being very clear in styling that was both elegant and sporting. This Appia was an extremely important model in the relationship between Lancia and Zagato as it was the first post-war Zagato to feature in the official Lancia catalogue, marking the pinnacle of a collaboration that was to become ever closer over the years, to the point where in the 1960s Zagato came to be considered the official coachbuilder to the Chivasso-based manufacturer's sporting cars, in effect "clothing" all the principal Lancia models in Sport form. This was true of the Flavia Sport Zagato (1963) with its avant-garde styling and also the Flaminia Sport Zagato (1958-1967), a true GT with exceptional performance, capable of winning on circuits throughout Europe.

One of Zagato's most commercially successful models was the Lancia Fulvia Sport (1965), a car with which the Milanese coachbuilder reached its greatest fame among clients who were neither "gentlemen drivers" nor collectors. This car remained in production for almost nine years, bringing its owners enduring sporting success, including a magnificent class win in the Daytona 24 Hours (11th place overall), ahead of the prestigious Porsche 908s!

The Fulvia was without doubt another inspiration for the *Hyena* in that many of the motifs found on this car are echoed in the later model for which yet another source of ideas was not a Lancia but still a Zagato, the Alfa Romeo Giulietta SZ from 1960.

However, going back to the facts that led to the birth of the *Hyena*, the brief provided by Andrea was very simple. Pedracini was asked to design a coupé with the following characteristics: "neoclassical" shapes that referencing the legendary Lancia Sport models; a strict two-seater with the spare wheel in the cockpit as in the GT tradition; lines that would confer upon the car an immediately recognisable Zagato personality. Andrea Zagato also suggested using the same greenhouse (the upper body with the glazing) as the SZ, relocating it to the Delta Integrale platform. This was a traditional Zagato practice

Marco Pedracini with his colleagues from the Zagato design department. Below, two drawings defining the first side views of the future *Hyena*. On the following double page, a series of proposals for the design of the rear of the car.

ZAGATO

ZAGATO

ZAGATO

ZAGATO

ZAGATO

ZAGATO

ZAGATO

ZAGATO

ZAGATO

(la "cupola" che sovrasta l'abitacolo) dell'SZ ricollocandola sul pianale della Delta Integrale. Questo, secondo una prassi tradizionale dell'azienda, era utilizzata soprattutto negli anni Cinquanta quando la cupola appunto era una parte comune a modelli Zagato con brand diversi. All'epoca, infatti, Zagato collaborava con quasi tutti i maggiori marchi produttori di vetture GT: AC Cars, Alfa Romeo, Aston Martin, Bristol, Ferrari, Fiat, Lancia, Maserati, Osca e Porsche.
Marco Pedracini aveva lavorato in precedenza su un'evoluzione della Delta HF e della Delta Integrale e conosceva quindi i temi cari a Lancia su questo modello ormai mitico. Proprio questa esperienza gli vale la candidatura a preparare quei primi *sketch* che, già all'epoca della prima visita di Paul Koot in Zagato, erano stati realizzati e figuravano sulla scrivania al momento di siglare l'accordo. L'incontro con Paul Koot aveva agito da catalizzatore per dare forma ad un'idea che in Zagato era "in fieri" e che diventa così immediatamente operativa essendosi presentato un partner esterno, sicuramente più rapido e appassionato nelle decisioni rispetto alla direzione Lancia.
Nel solco di questa lunga e consolidata tradizione stilistica germoglia il design della *Hyena,* che riprende molte delle caratteristiche stilistiche proprie delle Lancia Sport di un tempo: le forme piacevolmente arrotondate esprimono un senso di forza, donando alla vettura un aspetto grintoso e muscoloso, benché la carrozzeria sia stata mantenuta volutamente semplice, lineare ed essenziale, al fine di ridurre il peso superfluo.
Da sottolineare la scelta di posizionare la ruota di scorta subito sotto il basso lunotto posteriore, secondo l'abitudine in uso sulle mitiche GT degli anni Sessanta.
L'auto appena nata prometteva molto bene, le linee erano proprio quelle desiderate. Andrea Zagato se ne dimostra subito entusiasta divulgando quelle prime idee al padre ed allo zio Gianni.
Andrea, subito dopo, si incontra con Giancarlo Adami per ipotizzare la realizzazione di un modellino in scala che esalti i due "vecchi", così Giancarlo propone di dare l'incarico ad uno dei ragazzi dell'officina, appassionato di modellismo,

Rispetto alla copiosa serie di bozzetti pubblicati nelle pagine precedenti, ecco la forma definitiva del volume posteriore, delle luci e delle linee di fiancata. Alla pagina seguente, un altro bozzetto di ricerca con particolare riferimento al dettaglio della fanaleria anteriore.

used especially in the 1950s, when the greenhouse would be shared by various Zagato models based on the cars of diverse marques. At the time, in fact, Zagato worked with almost all the major manufacturers of GT cars: AC Cars, Alfa Romeo, Aston Martin, Bristol, Ferrari, Fiat, Lancia, Maserati, Osca and Porsche.
Marco Pedracini had previously worked on a development of the Delta HF and the Delta Integrale and was well aware of the themes of particular interest to Lancia regarding what was by then a legendary model. It was this experience that earned him the opportunity to prepare those initial sketches that had already been completed ahead of Paul Koot's first visit to Zagato and which were on the desk when the agreement was signed. The encounter with Paul Zagato had served as a catalyst to give form to an idea that had already been mooted at Zagato and that immediately became operation given that an external partner had materialised who was undoubtedly a quicker and more enthusiastic decision maker than the Lancia management structure.
It was in the furrow of this long and consolidated stylistic tradition that the idea for the *Hyena* design germinated and absorbed many of the styling motifs typical of the Lancia Sports of the past: the attractively rounded shapes expressed a sense of strength, lending the car a tough, muscular appearance, even though the bodywork was kept deliberately simple, linear and essential in order to reduce superfluous weight.
Note the location of the spare wheel, immediately beneath the low rear screen, a position favoured on the great GTs of the Sixties.
The new design was very promising, with the styling fulfilling the brief to the letter. Andrea Zagato was immediately enthusiastic and presented the initial concept to his father and his uncle Gianni.
Andrea and Giancarlo immediately met to discuss the project: a well-made scale model would probably have enthused the "old guard", thus Giancarlo proposed asking one of the lads in the workshop, a great modelling enthusiast, to create one in

With respect to the extensive series of sketches published on the previous page, this is the definitive rear end, with the lights and crease line on the flanks. On the following page, another styling sketch referring to the front lighting clusters.

ZAGATO

ZAGATODESIGN

dietro un compenso simbolico, un orologio con il marchio Zagato che Andrea aveva precedentemente fatto realizzare come gadget pubblicitario per l'azienda, orologio di cui questo ragazzo si era innamorato!

Era la piena estate del 1991 e si stavano avvicinando le vacanze che avrebbero lasciato a quel ragazzo il tempo di modellare la plastilina per ottenere il primo modello della *Hyena*. Al rientro il modello era pronto, ed il risultato era quello sperato! Pochi giorni dopo, la decisione definitiva: via libera al "progetto *Hyena*" e affidamento dell'incarico di coordinamento dello stesso "in toto" al giovane Andrea.

Si sceglie di utilizzare la Lancia Delta come base e, per risparmiare sui tempi e costi, di impiegare il più possibile i pezzi della SZ Adami confronta allora i disegni della SZ e della Delta HF Integrale Evoluzione, quelli impiegati sui libretti di uso e manutenzione. Sovrapponendo i due lucidi può ipotizzare, tenendo fermo il punto inferiore del parabrezza sulla OY ed abbassando la parte terminale del lunotto di circa 20 cm, di poter realizzare la modifica al telaio della Delta per poi impiegare i pezzi della SZ.

Adami confessa che la brillante idea di abbassare ulteriormente il parabrezza è stata di Andrea Zagato il quale intuisce che le versioni con il parabrezza più basso sarebbero state più apprezzate. Incarica quindi Pedracini di eseguire il primo piano di forma in scala 1:10 da cui scaturiscono poi tutti i disegni, i piani esecutivi e finalmente i modelli di stile. Dall'analisi del modellino, Pedracini decide di modificare gli spigoli superiori del cofano, scavando la zona centrale in modo che richiamino un po' la Fulvia Sport degli anni Settanta. Sulla versione definitiva, inoltre, a causa ingombri interni al vano motore, viene aumentato il volume del cofano e gli spigoli laterali sono diventati leggeri cambi di superficie che si collegano, anteriormente, alle estremità della mascherina Lancia. Tutto il lavoro viene svolto da una squadra affiatata,

In questa pagina, bozzetto selezionato per il design del frontale della *Hyena*.

On this page, the sketch selected for the design of the front end of the Hyena.

return for a symbolic payment, a Zagato-branded watch that Andrea had had made for the company as a promotional gadget and which the lad in question had fallen in love with!

This was in mid-summer 1991 and the holidays were coming up so the aspiring modeller would have time to create an initial plasticine model of the *Hyena*. When the company reopened the model was ready and the result was that hoped for! A few days later the "*Hyena* project" was given the green light with overall coordination entrusted to the young Andrea.

The Lancia Delta was chosen as the platform for the car and in order to save time as many components as possible were to be drawn from the SZ. Adami therefore compared the drawings of the SZ and the Delta HF Integrale Evoluzione, those used in the models' handbooks. On superimposing the two drawings it was decided that taking as a reference point the lowest point of the windscreen and lowering the end part of the rear screen by around 20 cm, the modifications could be made to the Delta chassis and that components from the SZ could be used.

Adami confessed that the brilliant idea of further lowering the windscreen was Andrea Zagato's and that he had recognised that a design with a low screen would be more attractive to the market. Pedracini were entrusted with the creation of the first full size lines drawing from which all the future drawings, executive plans and styling bucks were derived. After analysing the model, Pedracini decided to modify the upper corners of the bonnet, cutting away the central zone so that it would recall the Fulvia Sport from the 1970s. On the definitive version, moreover, to house the components in the engine bay, the volume of the bonnet was increased and their lateral creases became slight changes in surface that ran down to the tips of the Lancia grille.

abilmente coordinata da Andrea Zagato: ne fanno parte i già menzionati Giancarlo Adami e Marco Pedracini, ma ci sono anche altri elementi molto importanti, come Mario Mauri, che è il tramite tra l'officina e l'ufficio tecnico di Adami, per rilevare, durante le varie fasi di realizzazione, eventuali difetti o problematiche di montaggio, trasmetterle ai tecnici e far eseguire le eventuali modifiche. C'è poi Augusto Bertoncelli ad occuparsi della realizzazione della Distinta Base, praticamente una sorta di carta d'identità che dà un nome ed attribuisce un codice ad ogni singolo pezzo della vettura, dalla più piccola vite al pezzo più grande: ciò serve per identificare in modo inequivocabile tutti i particolari, trasmetterli all'Ufficio acquisti, quantificando con precisione tutti i relativi costi (un lavoro molto importante!).

Da questi primi bozzetti (il colore giallo è stato usato parecchio nei primi bozzetti, anche se poi in realtà le *Hyena* prodotte in quel colore saranno pochissime), con affinamenti successivi, si arriva alla forma praticamente definitiva nella quale si può chiaramente notare l'impostazione stilistica: viene ripreso anche lo stilema della "doppia gobba" sul tetto, tanto amato da nonno Ugo Zagato e da papà Elio. Sempre in fase di bozzetti si lavora a lungo anche attorno al deflettore posteriore con una serie di soluzioni che paiono simili ma tutte stilisticamente differenti.

Una volta realizzata la maquette in scala 1:1 Elio Zagato invitò a Terrazzano l'amico e a allora responsabile dello stile del Gruppo Fiat, l'architetto Mario Maioli, per fare visionare il modello e chiedere la sua approvazione sullo stile di una Lancia. Maioli approvò il progetto chiedendo una sola modifica: eliminare la scalfatura sul fianco nella zona anteriore, tra il passaruota e il proiettore, sostenendo che in tal modo la linea richiamasse ancora di più alcune vetture Zagato del passato (Maioli è ricordato, tra l'altro, per essere l'autore del logo Fiat con cinque barre inclinate). Il design originale, infatti, come si vede anche dal modellino, prevedeva la scalfatura passante su tutto il fianco, dalla coda al frontale.

Il primo modello in poliuretano è stato costruito partendo dal piano di forma manuale in scala 1:1. Lo sviluppo successivo del design è stato realizzato con l'ausilio del CAD. Tale tecnologia, già utilizzata da Zagato nel processo di stile

The work was undertaken by an experienced team, ably coordinated by Andrea Zagato: as well as the aforementioned Giancarlo Adami and Marco Pedracini, there were a number of other important elements such as Mario Mauri, who liaised between the workshop and Adami's technical office, verifying (during the various phases in the process) any assembly defects or problems and communicating them to the engineers to allow the necessary modifications to be made. Then there was Augusto Bertoncelli who dealt with the Basic Parts List, a kind of identity card that gave a name and attributed a code to each individual component of the car, from the smallest screw to the biggest component: this serves to unequivocally identify all the details, transmit them to the purchasing department where the relative costs can be calculated precisely (a vitally important job!).

From these first sketches (yellow was often used in the early drawings, although very few *Hyenas* were actually finished in this colour), through successive refinements, the designers arrived at what was practically the definitive version in which the styling configuration can be clearly seen: the double bubble roof motif beloved of Andrea's grandfather Ugo Zagato and his father Elio. Again the design sketches stage, a lot of work was done on the rear windows, with a series of ideas that appear similar but had subtle stylistic differences.

Once the full-size mock-up had been constructed, Elio Zagato invited to Terrazzano his friend and then head of styling at Fiat, the architect Mario Maioli to view the model and ask for his approval of the styling of a Lancia. Maioli approved the design, asking for just one modification: the elimination of the crease on the flanks at the front between the wheel arch and the headlight, suggesting that in this way the styling was even closer to certain Zagato designs of the past (Maioli is remembered, among other things, for being responsible for the Fiat logo with five inclined bars). The original design, as can be seen from the model, featured a crease line running the full length of the flanks, from nose to tail.

The first model in polyurethane was built up on the basis of the full-size manual lines drawing. The successive develop-

dell'Alfa Romeo SZ, era ormai uno strumento di lavoro comune in azienda. Il modello di stile in scala 1:1 è stato poi portato alla galleria del vento per le prove di aerodinamica. Come base si è fatto ricorso ad un pianale in legno, non ancora una Delta, completamente vuoto all'interno, in quanto era semplicemente uno studio di stile basato sulle dimensioni del telaio della Lancia Delta Integrale. Senza la mascherina si faceva ancora fatica a capire che si sarebbe trattato di una Lancia ma già si riconosceva subito una Zagato! Con quest'ultima invece il musetto diventa inconfondibile. E proprio la mascherina suscita parecchi dubbi e perplessità, perché quella della "vecchia" Lancia Delta era ormai datata, mentre l'uso di mascherine già utilizzate su altre vetture (come Lancia Dedra o Ypsilon), avrebbe rischiato di squilibrare le proporzioni del muso. Si decide quindi di produrne una "ad hoc" per la *Hyena*. Paul conserva ancora questa prima "maquette" della *Hyena* bianca nella sua officina a Duiven in Olanda. Il primo studio di stile fu poi dipinto di rosso, poche settimane prima di essere presentato al Salone di Bruxelles.

Per quanto riguarda le linee molto aggressive degli interni Zagato contatta la MOC, azienda francese specializzata nella lavorazione del carbonio, la quale propone un cockpit in un unico pezzo, che risulta poi essere purtroppo molto costoso.

Isabella Gianazza, cugina di Andrea Zagato, esperta di grafica, viene incaricata dello studio per il logo con diversi caratteri. Parimenti ad un artista "amico di famiglia", Nani Tedeschi, si deve la "*Hyena* meccanica" che compare allo stand di Bruxelles e quindi nel dépliant della Lusso Service.

Per la successiva presentazione a Ginevra vengono realizzati anche una serie di modellini in scala 1:10 che saranno poi rubati dallo stand Zagato durante l'evento.

Hyena Hyena Hyena

Anche la scritta "Hyena" fu oggetto di un lungo e meditato studio nella definizione del *lettering*. Alla pagina a fianco, Il modello in scala 1:10 verniciato della Lancia *Hyena*.

The Hyena script was also the object of long and meditated study of the definitive lettering. On the facing page, the 1:10 scale painted model of the Lancia *Hyena*.

ment of the design was conducted with the use of CAD. This technology, already adopted by Zagato during the styling of the Alfa Romeo SZ was by now a commonly used working tool within the company.

The 1:1 scale model was then taken to the wind tunnel for aerodynamic testing. A hollow wooden buck was used rather than an actual Delta as this was simply a styling study based on the dimensions of a Lancia Delta Integrale chassis. Without the radiator grille it is still difficult to identify the car as a Lancia, but it is immediately recognisable as a Zagato! Once the grille was in place, however, the nose became unmistakeable. It was actually the radiator grille that aroused doubts and perplexity as that of the "old" Lancia Delta was by now dated, while the use of the grille fitted to other Lancia models such as the Dedra or the Ypsilon would have risked upsetting the proportions of the nose. It was therefore decided to produce an ad hoc grille for the Hyena. Paul still has that first "maquette" of the *Hyena* in white in his Duiven workshop in Holland. The first styling buck was then painted in red, a few weeks before being presented at the Brussels Motor Show.

With regard to the very aggressive styling of the interior, Zagato contacted MOC, a French company specialised in carbon-fibre mouldings that proposed a one-piece cockpit that unfortunately proved to be extremely expensive.

Isabella Gianazza, Andrea Zagato's cousin, an expert in graphic design, was commissioned to design the logo with diverse characters. Similarly, an artist "friend of the family", Nani Tedeschi, was responsible for the "mechanical *Hyena*" that appeared on the Brussels stand and then in the Lusso Service brochure. A series of 1:10 scale models were then produced for the following presentation at Geneva and were stolen from the Zagato stand during the event.

VISIERA
SEZ. A-A
A
A

Alcune proposte di stile per la definizione dell'abitacolo.

A number of styling proposals for the definition of the cockpit.

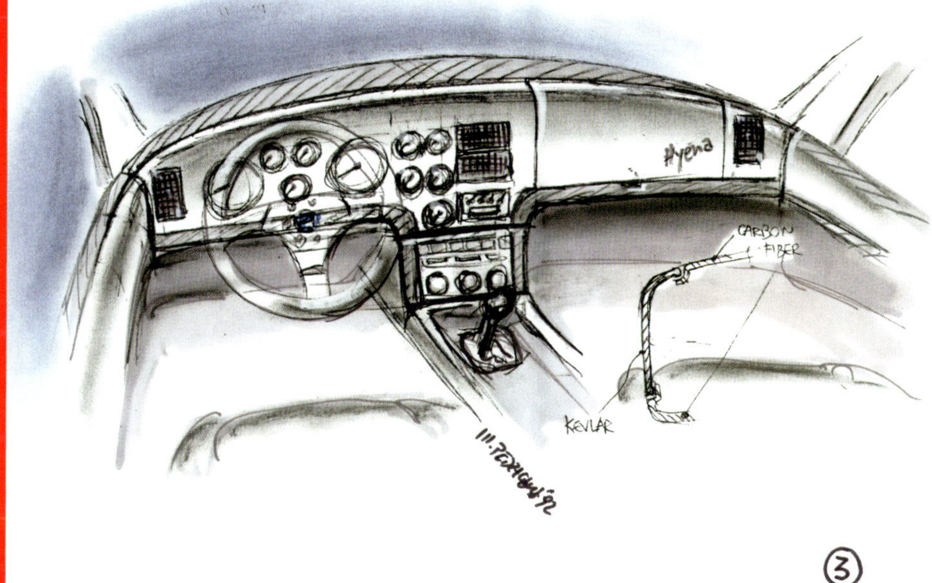

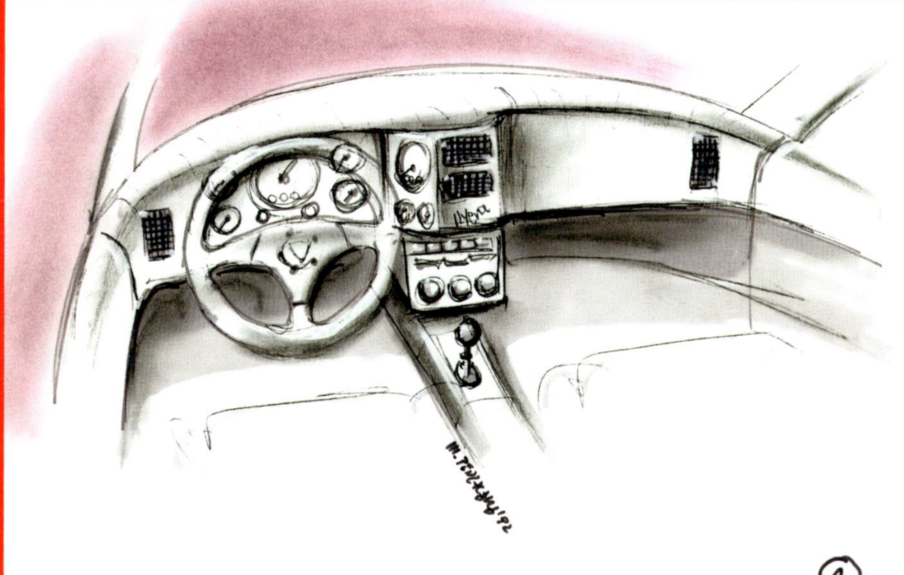

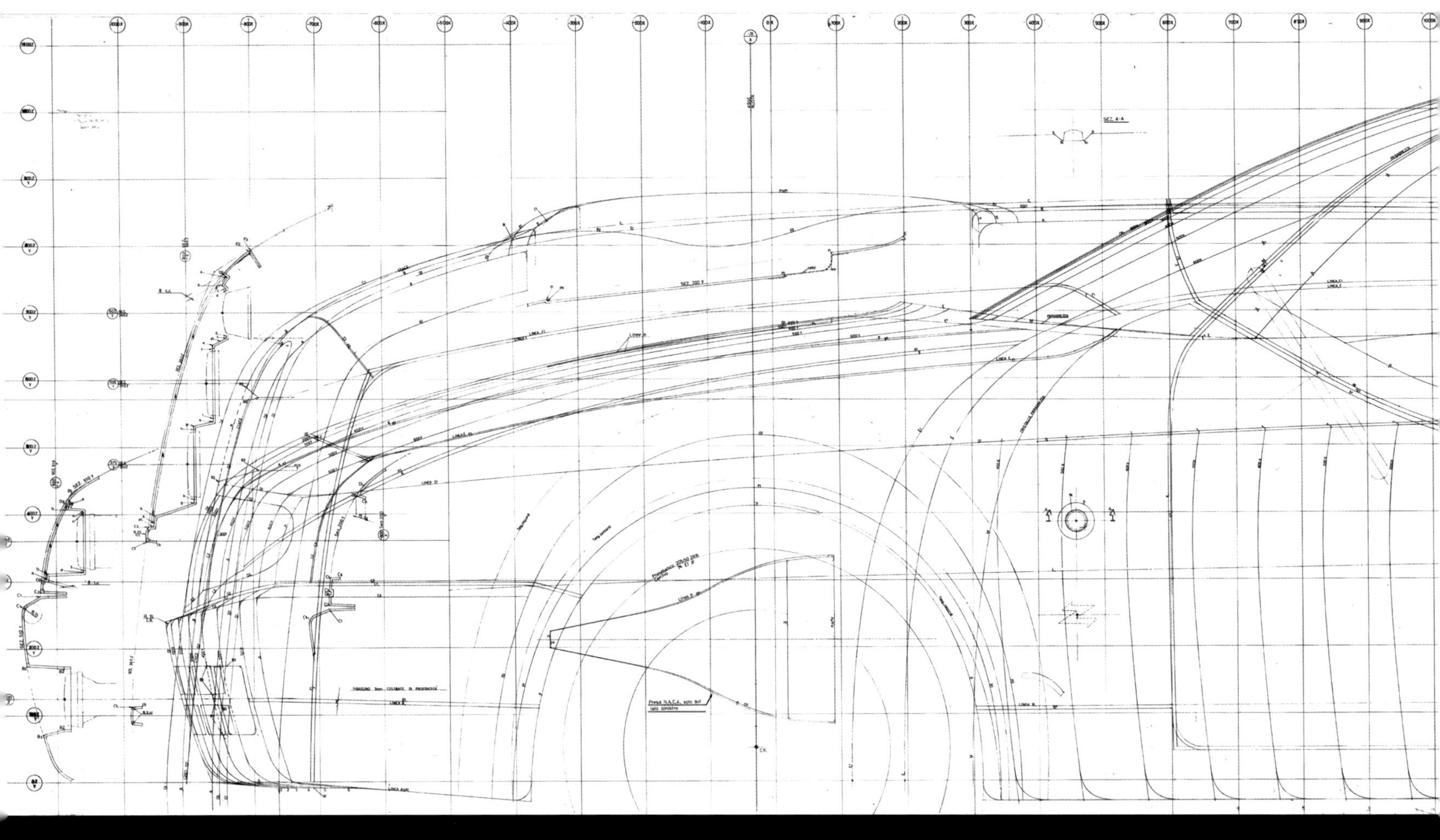

Un documento di particolare valore e, sino ad oggi, del tutto inedito: il piano di forma della Lancia *Hyena*. La targhetta in basso a destra riporta la data del 21 febbraio 1992.

A document of particular value and previously unpublished: the lines drawing of the Lancia Hyena. The panel bottom right shows the date 21 February 1992.

pos.	denominazione		disegno	n°	modifiche
toll. gen. di lav. H13 foro-h13 albero J 14 dimens. lineari ±30° valori angolari	data 21-2-92 dis.	protez. superf.			rugositá
		mat. sigla			
		mat. classe			tab.
quantitá	peso	copia inestensibile per costr. pezzo ☐			scala 1:1
zagato ZID		PIANO DI FORMA			
		tipo corrisp.	funzione	dis. corrisp.	
formato nA0	sostituito dal	L Z 1 0 7 B 0 0 4 A			

reverse 2 A1

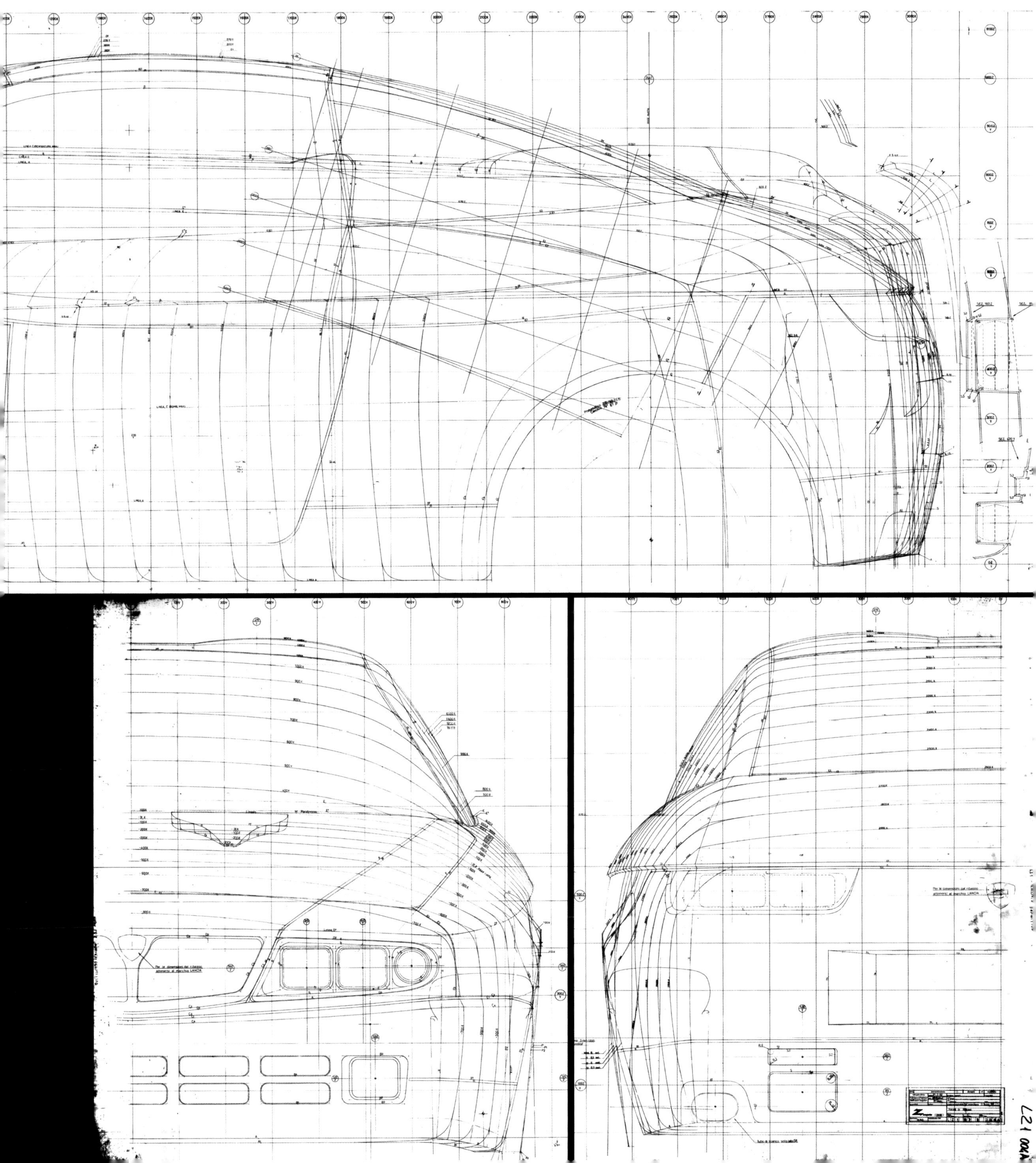

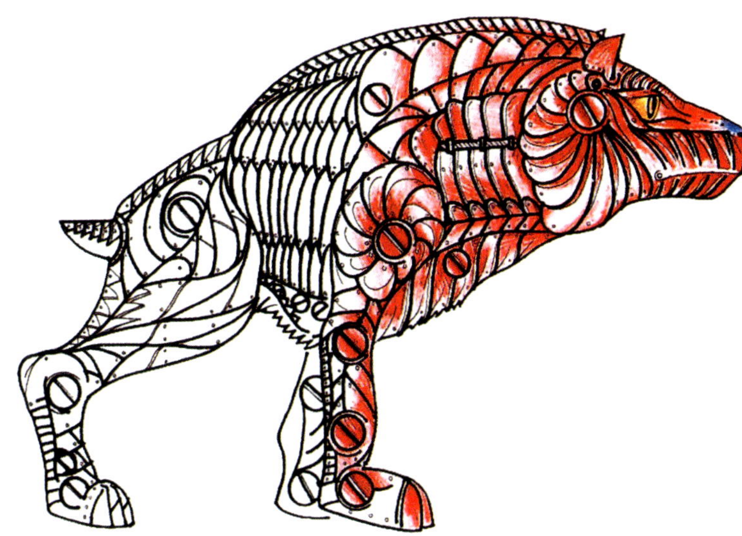

Alla pagina a fianco, alcune immagini del modello virtuale realizzato con tecnologia CAD; sotto, il modello in scala 1:1 in poliuretano realizzato per il Salone di Torino del 1992.

On the following page, a number of images of the virtual reality model created with CAD technology; below, the 1:1 scale model in polyurethane made for the Turin Motor Show in 1992.

Realizzazione artistica "meccanica", eseguita da Nani Tedeschi, che, partendo da una ideale stilizzazione iper-moderna di una iena, con la tecnica del "morphing", si trasforma nella sagoma della Lancia *Hyena*.

A "mechanical" artistic rendering by Nani Tedeschi who, on the basis of hyper-modern stylisation of a hyena, used the morphing technique to transform the profile of the Lancia Hyena.

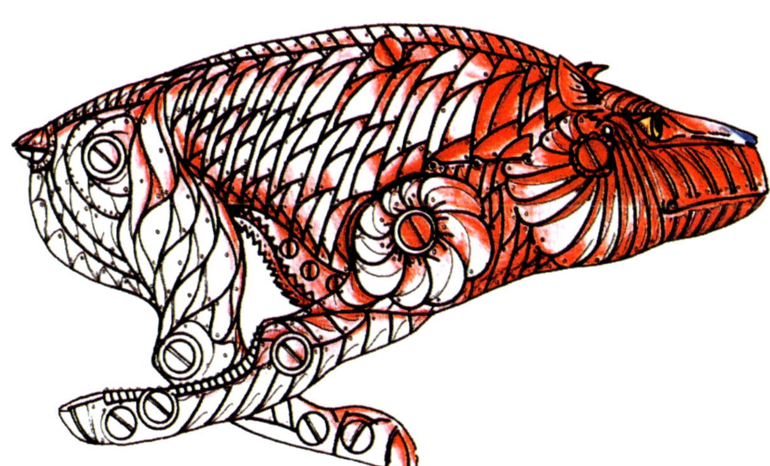

Capitolo 5

Il coordinamento: Andrea Zagato

Il giovane Andrea è incaricato di seguire da vicino tutte le fasi di rendering, progettazione, ingegnerizzazione e realizzazione della *Hyena*. Il suo compito in questo progetto è importantissimo, in quanto il suo ruolo è un po' quello del "regista" che deve coordinare tutte le forze che intervengono in una simile impresa.

Nel secondo capitolo eravamo rimasti alle Lancia Delta completamente spogliate, che dall'Olanda tornavano in Italia, non più a Chivasso, ma a Rho, negli stabilimenti della Zagato. A dire il vero alcune lavorazioni erano svolte anche da altre due officine alle quali Andrea "decentrava" una parte delle lavorazioni: la Opac di Rivalta per i lamierati in alluminio, e Mario Galbiati, che lavorava a pochi chilometri di distanza da Rho, per la precisione a Bareggio, per la parte di verniciatura, quest'ultimo forte di una decennale collaborazione tra queste tre aziende.

Le Delta giungevano in officina dove si doveva montare la struttura in alluminio ed una delle prime operazioni consisteva nel brutale taglio, tramite flessibile, del padiglione. Sopra questa struttura, cosiddetto "telaio marciante", veniva saldato il nuovo telaio che recava i pannelli in alluminio. A questo punto gli abili battilastra della Opac forgiavano l'alluminio in lastre, fino ad ottenere il pezzo desiderato. Le lavorazioni erano svolte interamente a mano, con maestria ed abilità e anche le poche macchine utilizzate erano comunque a controllo manuale, nulla di computerizzato o di automatizzato,

Una preziosissima sequenza di immagini assolutamente inedite documenta alcune delle fasi di "trasformazione" delle Lancia Delta sul cui pianale viene montata la struttura in acciaio della futura *Hyena*. Nella foto in basso, ad esempio, le parti di telaio che si intravedono di colore rosso sono proprio quella della Delta iniziale.

An invaluable sequence of previously unpublished images documents some of the phases in the transformation of the Lancia Deltas that provided the platforms for the steel structure of the future *Hyena*. In the photo at the bottom, for example, the red parts of the chassis are those of the original Delta.

Chapter 5

Coordination: Andrea Zagato

The young Andrea was entrusted with the task of closely monitoring every stage of the design, engineering, rendering and realisation of the *Hyena*. His role in the project was of the greatest importance, in that he had to be a "director" who had to coordinate all the elements contributing to a project of this kind.

We ended the second chapter with the stripped down the Lancia Delta returning from Holland to Italy, not to Chivasso but to Rho to the Zagato factory. In truth, some work was carried out by other workshops, to whom Andrea "farmed out" some of the jobs to be done: Opac of Rivalta (near Turin) worked on the aluminium body panels and Mario Galbato, who worked a few kilometres from Rho, at Bareggio to be precise, took care of the paintwork, having worked for over ten years with these three companies.

The Deltas arrived at the workshop where the aluminium structure was to be fitted and one of the first tasks was to cut off the roof panel with angle grinders. A new framework made of aluminium panels was then welded to this so-called "rolling chassis". At this point Opac's skilled panel-beaters worked the sheet aluminium until they obtained the part that was required. The work was carried out entirely by hand, with skill and craftsmanship and the few machine tools that were used were all operated manually, nothing was computerized or automated – this was a real aluminium "tailor's shop"! Next came the so-called "greenhouse", consisting of that part of the bodyshell with the roof and doors that were now fitted to the "naked" Delta.

davvero una "sartoria" dell'alluminio! Veniva quindi approntata la cosiddetta "green house", ovvero sia la parte di scocca comprensiva di porte e tetto da assemblare a sua volta al telaio della Delta "denudata".

Per l'intera struttura dell'auto fu realizzata una contro maschera di controllo, utile guida per l'allineamento dei diversi pezzi, essendo la vettura costruita interamente a mano. Si passava quindi alla fase di montaggio e fissaggio dei pannelli di alluminio che andavano a formare la carrozzeria.

Il cofano anteriore era quello della Delta, opportunamente modificato per ottenere una curvatura diversa: quello d'origine, infatti, era molto più piatto. Sopra questa sottile e resistente struttura veniva poi applicato il cofano anteriore in kevlar, con un ulteriore notevole risparmio di peso.

Al fine di ottenere altri risparmi (economici, questa volta!) nella produzione della serie, come abitudine di Zagato, furono usati anche pezzi di altre auto. L'intera "green house" della *Hyena* era derivata dalla Alfa Romeo SZ, così come quella della Fiat 8V Zagato del 1955 era comune all'Alfa Romeo SZ. Più precisamente la "cupola" della SZ fu assemblata sul telaio della Delta, inclinata di 3° verso il posteriore ed infulcrata sul punto inferiore del parabrezza. In questo modo, oltre alle ossature del tetto, furono mantenuti: il parabrezza, il voletto anteriore e il vetro discendente della porta. Il voletto posteriore ed il lunotto mantennero la stessa forma ma leggermente modificata per effetto dell'inclinazione della linea di cintura, più a "cuneo" rispetto all'SZ.

Nella prima immagine si è appena concluso il drastico "taglio" dell'intera parte superiore di una Delta di cui rimane soltanto il così detto "telaio marciante". Alcune fasi di lavorazione dei lamierati delle future *Hyena*, condotte dagli abili artigiani della OPAC di Rivalta di Torino. L'immagine più a destra documenta invece la "contro maschera" di controllo, realizzata interamente a mano, che veniva usata proprio per verificare l'allineamento delle diverse parti di carrozzeria durante la fase di assemblaggio.

In the first photo, the drastic shearing of the entire upper section of a Delta, of which only the so-called rolling chassis remains. A number of phases in the fabrication of the body panels of the future Hyenas, conducted by the skilled craftsmen at OPAC of Rivalta di Torino. The photo far right instead documents the handmade template that was used to verify the alignment of the various parts of the bodywork during the assembly phase.

A template was made for the whole car to serve as a way of checking the correct alignment of the parts given that the car was to be completely hand-made. The next stage involved fitting the aluminium panels making up the bodywork. The bonnet frame was from the original Delta was modified to give it a different curvature: the original bonnet was in fact much flatter. The bonnet was then skinned in Kevlar on top of this slim but robust structure, with a further significant weight-saving.

In order to make further savings (financial ones, this time!) in the production series, as was customary at Zagato, components "borrowed" from other cars were used. The *Hyena's* complete "greenhouse", for example, was taken from the Alfa Romeo SZ in the same way that the mythical 1955 Fiat 8V Zagato shared the same greenhouse as the Alfa Romeo SZ. More precisely, the greenhouse of the SZ was assembled on the bodyshell of the Delta, inclined through 3° towards the rear and pivoted at the lowest point of the windscreen. In this way, as well as the roof frame, the windscreen, the front quarterlight and the wind-down door window, the rear quarterlight and the rear screen retained the same shape but were slightly modified due to the effect of the inclination of the belt-line, more wedge-shaped than on the SZ.

Other parts borrowed from the Alfa Romeo SZ "sister" car were the headlights, the doorframes and the windscreen. Certain magazines and articles published about the *Hyena* deliberately compared the front ends of both cars and put

Anche i fanali, il telaio delle porte ed il parabrezza anteriore erano presi dalla "sorella" Alfa Romeo SZ. Alcune delle riviste e degli articoli pubblicati sulla *Hyena* confrontavano volutamente l'anteriore delle due vetture mettendo i gruppi ottici l'uno a fianco all'altro, non lasciando alcun dubbio sul fatto che la fanaleria fosse la stessa.

Interessante è anche la maniglia di apertura delle portiere, che era quella dell'Alfa Romeo Duetto: il pezzo di ricambio è tuttora in vendita presso la rete ufficiale del Biscione.

Si è già parlato della mascherina anteriore: l'idea di partenza era di utilizzare quella della Lancia Dedra, ma fu presto abbandonata, in quanto il musetto dell'auto sarebbe risultato troppo "piatto".

Il cruscotto, voluto a tutti i costi in carbonio per contenerne il peso, fu commissionato all'azienda francese MOC la quale, dall'alto della sua esperienza nelle competizioni fra cui anche in Formula 1, produsse uno dei pezzi davvero più belli di tutta l'auto. Una lastra unica di resistente ma leggerissimo carbonio ricopriva l'intera plancia, con un effetto finale a dir poco fantastico. Ma parimenti di carbonio erano anche le manopole di comando della ventilazione ai battitacco, il tunnel centrale e le tasche portaoggetti laterali. Il "pezzo forte" restava comunque la plancia, una delle più belle mai montate su una vettura di serie, realizzata appunto in un solo pezzo di carbonio abilmente lavorato. Il suo peso era di soli 4,5 kg, e per avere idea del risparmio complessivo sulla *Hyena*, basti pensare che la sola plancia della Delta HF pesava 19 kg. Anche i pannelli delle porte erano prodotti nello stesso materiale, e, finezza stilistica, il carbonio presentava un disegno a "zeta" che richiama il famoso logo dell'azienda. Alla fine il peso totale degli interni della *Hyena* (inclusi i rivestimenti ed esclusi i sedili) era di 14 kg, mentre quelli della Delta HF pesavano, a seconda degli allestimenti, da 40

L'abitacolo della prima *Hyena*, quella usata per le varie presentazioni e ad uso della stampa, era assolutamente riconoscibile per la grande scritta *Hyena* sul lato passeggero. Per quanto invece riguarda le maniglie delle porte... altro non erano che quelle dell'Alfa Romeo Duetto. Alla pagina a fianco, altre fasi di montaggio delle varie parti di carrozzeria.

The cockpit of the first Hyena, the one used for the various presentations and for use by the press, was easily recognisable by the large *Hyena* script on the passenger side. As for the door handles... they were actually borrowed from the Alfa Romeo Duetto. On the facing page, further phases in the mounting of the various bodywork sections.

---

the headlights side by side, leaving no room for doubt that the parts were the same.

Interestingly, the door handles were from the Alfa Romeo Duetto the spare part is still for sale via the Biscione's dealer network.

We have already spoken about the front grille: the original idea was to use the one from the Lancia Dedra, but this was quickly discarded as it would have made the front of the car look too "flat".

The dashboard, which at all costs was to be in carbon fibre to keep the weight down, was entrusted to the French company MOC, who, drawing on their competition experience (including Formula 1), made one of the most beautiful parts of the car. A single sheet of tough but extremely light carbonfibre covered the whole surface, creating a fantastic end result. Other parts made of carbon fibre were the control knobs of the footwell ventilation, the central tunnel and the lateral pockets. The centrepiece was the dashboard however, one of the most beautiful ever to have been fitted to a production car as it was made from a single piece of skilfully sculpted carbonfibre. It weighed a mere 4.5 kg, and to get an idea of how much weight it saved on the *Hyena*, you only need to think that on the Delta HF the dashboard alone weighed 19 kg. The door panels were also made of the same material and as an added refinement, the carbon fibre had a "Z" motif that referenced the company's famous logo. In the end, the total weight of the Hyena's internal fittings (including the upholstery but excluding the seats) was 14 kg, compared to between 40 and 45 kg for the Delta HF depending on the trim specification. The only sore point was, as has already been mentioned, the cost: a figure in the order of $7500 was rumoured – really over the top!

AutoCapital
AutoCapital

a 45 kg. L'unica nota dolente era, come già accennato, il costo: si parla di una cifra nell'ordine dei 7500 dollari, davvero esagerata!

Ed i sedili? Una prima idea fu quella di lasciare quelli originali delle Delta, cosa che accadde per i primi modelli. Poi però si optò per rivestire i sedili delle Delta in morbida pelle nera inserendo in rilievo la personalizzazione con il logo *Hyena*, che rendeva l'auto molto più preziosa ed unica; la parte centrale era traforata, per agevolare la traspirazione della schiena del pilota.

Un ultimo aspetto da prendere in considerazione è il motore: la *Hyena*, a conti fatti, pesava circa due quintali in meno della Delta HF e quindi le prestazioni del propulsore "standard"da 210 CV sarebbero state sufficienti per ottenere prestazioni ottime, un po' superiori a quelle delle auto dalle quali derivavano. Non a caso furono compiuti test con il motore standard: la maggior penetrazione aerodinamica della *Hyena* rispetto alla Delta, unita al peso nettamente inferiore, fecero sì che nell'accelerazione sullo 0-100 km/h si passasse da 5,8 secondi a 5,6 e sulla velocità massima da 220 a circa 230 km/h. Nonostante ciò, Lusso Service decise di proporre come optional un potenziamento del motore fino a 250 CV. Con quest'aggiornamento, le prestazioni miglioravano ulteriormente, diventando degne di una supercar: accelerazione da 0-100 km/h in 5,4 secondi e velocità di punta di quasi 240 km/h. Anche il valore di coppia massima era salito sino a superare abbondantemente i 30 kgm. Il rapporto peso/potenza superava a sua volta il valore di 125 kg/CV, quasi al livello di un motore da competizione, ma il dato più eclatante era il rapporto peso/potenza, arrivato ben al di sotto dei 5 kg/CV, attestandosi a 4,59: un risultato migliore del 5% circa rispetto al dato registrato per la Delta S4! Tutto questo fu ottenuto elaborando il motore base della Delta HF. Il filtro dell'aria fu sostituito con un filtro conico, sostituiti anche i collettori del turbo e di scarico, fu rimappata la

La seconda *Hyena* prodotta (numero di telaio 550969) con carrozzeria di colore nero fu impiegata anche per condurre appositi test presso la Koni, atti a verificare quali fossero gli ammortizzatori più corretti da impiegare sulla vettura. Alla fine la scelta cadde su ammortizzatori regolabili, analoghi a quelli adottati negli stessi anni sulle Delta nei rally. Alla pagina a fianco, al centro, i grafici della Koni con i risultati di due diverse prove condotte sugli ammortizzatori; sotto, schemi con le risultanze delle prove flessio-torsionali fra la Delta e la *Hyena* con risultati del tutto a favore della seconda.

The second Hyena to be produced (chassis number 550969) with its bodywork finished in black was also used for testing at Koni designed to establish which dampers would be best employed on the car. In the end the choice fell on adjustable dampers like those used in the period on the rallying Deltas. On the facing page, centre, The Koni graphs with the results of two different tests conducted on the dampers; below, diagrams deriving from the flexional-torsion tests comparing the Delta and the Hyena, with the results clearly in favour of the second.

And what about the seats? The first idea was to use those of the original Delta, which was the case on the early examples. It was decided to upholster the Delta seats in soft black leather and include the embossed Hyena logo that made the car even more precious and unique. The central section of each seat was perforated to help keep driver's back cool.

Another feature that has to be examined is the engine: all in all the Hyena weighed about two hundred kilos less than the Delta HF so the standard 210 hp engine would have been sufficient to obtain satisfactory performance figures, slightly superior to those of the cars from which it had been developed. It was no surprise that tests were carried out on the standard engine: the superior aerodynamic penetration of the *Hyena* compared to the Delta, added to the considerably lower weight meant that the Delta took 5.8 seconds to sprint from 0-100 kph while the Hyena took only 5.6. The former had a top speed of 220 kph while the latter had a top speed of about 230 kph. Nonetheless, Lusso Service decided to offer a more powerful engine developing up to 250 hp. With this upgrade the performance was further improved and was now worthy of a supercar: acceleration from 0-100 kph in 5.4 seconds and a top speed of almost 240 kph. The maximum torque output had also risen and was now greater than 30 kg/m.

The power to weight ratio of 125 kg/hp was quite remarkable and approaching that of a competition car. The air filter was swapped for a conical filter and the turbo and exhaust pipes were changed, the CPU was reprogrammed and the turbo pressure was increased, with the wastegate functioning being optimised. The exhaust pipe was replaced with one that was much more open. A pop-off valve was also fitted to some models to avoid excessive peaks in turbo pres-

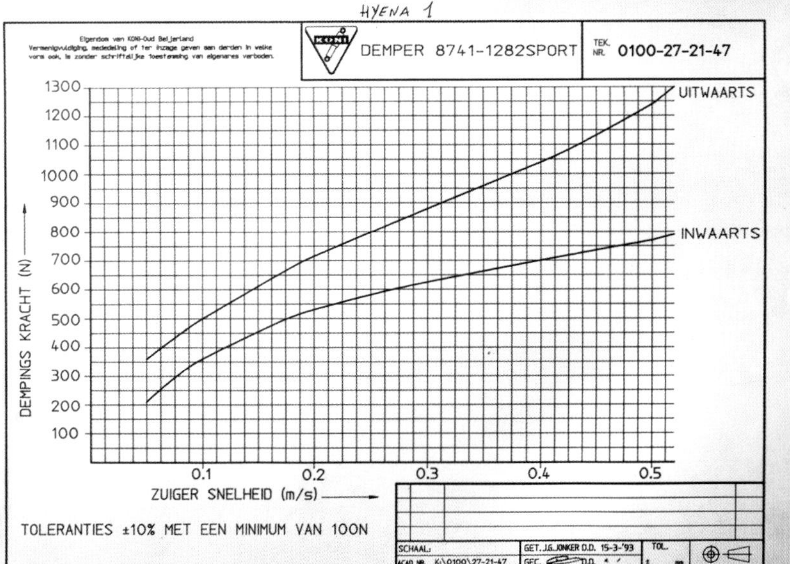

HYENA 1
Eigendom van KONI-Oud Beijerland
Vermenigvuldiging, mededeling of ter inzage geven aan derden in welke vorm ook, is zonder schriftelijke toestemming van eigenares verboden.
KONI
DEMPER 8741-1282SPORT
TEK. NR. 0100-27-21-47
UITWAARTS
INWAARTS
DEMPINGS KRACHT (N)
ZUIGER SNELHEID (m/s)
TOLERANTIES ±10% MET EEN MINIMUM VAN 100N
SCHAAL:
ACAD NR. K:\0100\27-21-47
GET. J.G. JONKER D.D. 15-3-'93
GEC.
D.D.
TOL.

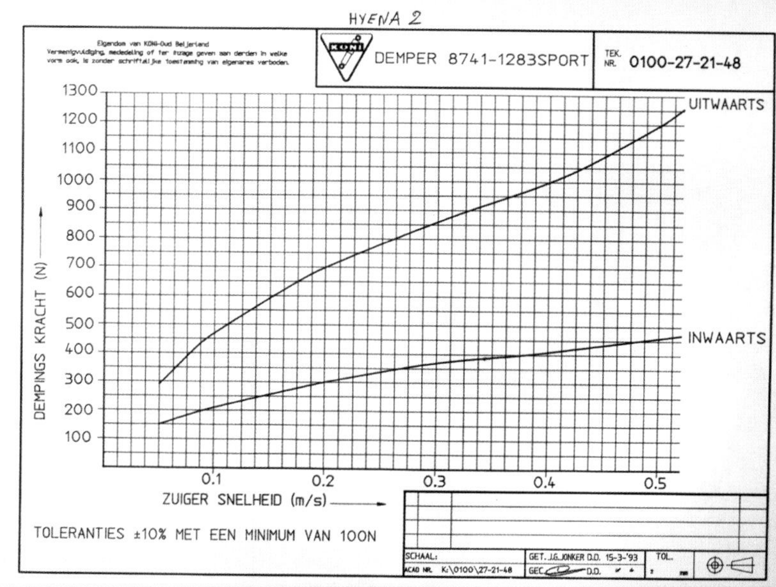

HYENA 2
Eigendom van KONI-Oud Beijerland
Vermenigvuldiging, mededeling of ter inzage geven aan derden in welke vorm ook, is zonder schriftelijke toestemming van eigenares verboden.
KONI
DEMPER 8741-1283SPORT
TEK. NR. 0100-27-21-48
UITWAARTS
INWAARTS
DEMPINGS KRACHT (N)
ZUIGER SNELHEID (m/s)
TOLERANTIES ±10% MET EEN MINIMUM VAN 100N
SCHAAL:
ACAD NR. K:\0100\27-21-48
GET. J.G. JONKER D.D. 15-3-'93
GEC.
D.D.
TOL.

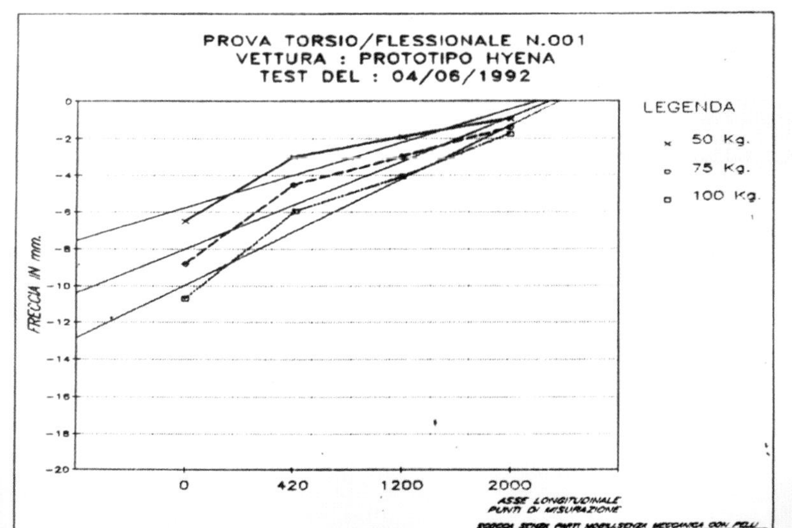

PROVA TORSIO/FLESSIONALE N.001
VETTURA : PROTOTIPO HYENA
TEST DEL : 04/06/1992
LEGENDA
50 Kg.
75 Kg.
100 Kg.
FRECCIA IN mm.
ASSE LONGITUDINALE
PUNTI DI MISURAZIONE
SCOCCA SENZA PARTI MOBILI,SENZA MECCANICA CON PELLI

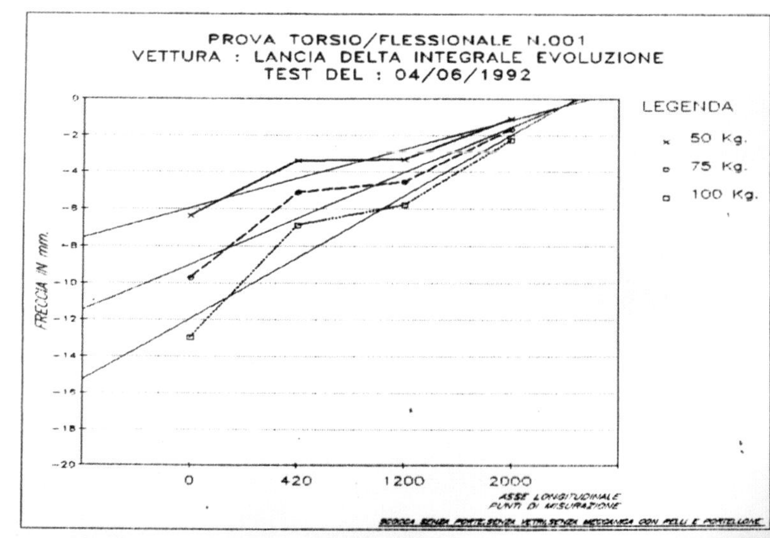

PROVA TORSIO/FLESSIONALE N.001
VETTURA : LANCIA DELTA INTEGRALE EVOLUZIONE
TEST DEL : 04/06/1992
LEGENDA
50 Kg.
75 Kg.
100 Kg.
FRECCIA IN mm.
ASSE LONGITUDINALE
PUNTI DI MISURAZIONE
SCOCCA SENZA PORTE,SENZA VETRI,SENZA MECCANICA CON PELLI E PORTELLONE

centralina elettronica ed aumentata la pressione del turbo, ottimizzando la funzione "Waste Gate". La marmitta di scarico fu rimpiazzata da una molto più "libera". Su alcuni modelli fu anche applicata la valvola Pop-Off, per evitare sbalzi di pressione esagerati al turbocompressore. Anche per quanto riguarda gli ammortizzatori si cercò di migliorare le già ottime performance della Delta: con uno dei primi modelli usciti dalle linee di montaggio, un tecnico della Zagato si recò alla Koni, per valutare attentamente quale sistema fosse meglio adottare. Anche in questo caso si optò per una soluzione molto vicina a quella delle competizioni, scegliendo di sostituire gli ammortizzatori originali delle Delta con quelli regolabili della Koni, gli stessi impiegati sulle Delta HF da competizione nei rallies. Sugli ultimi modelli prodotti si utilizzarono anche gli ammortizzatori della Bilstein, per le loro migliori prestazioni e per la maggior facilità di regolazione.

A questo punto l'auto era quasi pronta per circolare su strada, ma si dovevano innanzitutto effettuare i necessari collaudi, primo fra tutti quello "strutturale": con questa prova, condotta presso gli stabilimenti della FKA di Aachen in Germania, la *Hyena* fece una prova di "affaticamento" superiore ai 100.000 km, senza patire alcun problema! Dalle risultanze della prova flessio-torsionale, la *Hyena* poteva vantare valori sensibilmente inferiori a quelli della Delta.

Su alcuni esemplari fu anche rivisto l'impianto frenante, con l'applicazione di pinze freni più efficaci e l'utilizzo di tubi di derivazione aeronautica per il liquido.

Le *Hyena,* praticamente finite, venivano stoccate in magazzino in attesa della verniciatura finale che poteva essere effettuata nei sei colori base (Rosso Monza, Giallo Fly, Verde Zagato, Bianco Saratoga, Nero ed Azzurro Lido di Venezia), ma anche in qualunque colore a scelta del committente, con un sovrapprezzo.

Le *Hyena* finite e collaudate passavano quindi un severo controllo di qua-

Al pari di altre componenti, anche i gruppi ottici anteriori, di forma rettangolare, erano quelli dell'Alfa Romeo RZ. Sotto, i cerchi in lega O.Z. a sei razze che equipaggiavano le prime *Hyena*. Alla pagina a fianco, l'accattivante frontale di un prototipo della *Hyena* che nei primi mesi del 1992 iniziò a circolare sulla stampa specializzata, compresi due numeri della rivista "Zagato e oltre", all'epoca pubblicata proprio da Giorgio Nada Editore, che dedicarono ampio spazio a quest'ultima creazione dello storico carrozziere milanese.

Like other components, the rectangular front lighting units were those of the Alfa Romeo RZ. Below, the six-spoke O.Z. alloy wheels fitted to the first *Hyenas*. On the facing page, the aggressive front end of the a prototype Hyena that in early part of 1992 began to appear in the specialist press, including two issues of the periodical Zagato e oltre, published at the time by Giorgio Nada Editore, which devoted ample space to this latest creation by the Milanese coachbuilder.

sure. Work was also done to improve the already excellent performance of the shock absorbers fitted to the Delta. An engineer from Zagato took one of the first cars to come off the production line to Koni to decide on the optimal system to use. In this case too, it was decided to go with a set-up that was very similar to the one used on competition cars, substituting the original shock absorbers from the Delta with adjustable Koni units, the same as those used on the Delta HF rally cars. On later models, Bilstein shock absorbers were used because of their superior performance and easier adjustment.

At this point the car was ready for the road, but first the usual homologation tests had to be carried out, starting with that regarding the structure. During this test, conducted at the FKA facility in Aachen, Germany, the Hyena was subjected to a "fatigue" test of more than 100,000 km without encountering any problems!

The result of the torsional stiffness test showed that the *Hyena* could boast results that were significantly better than those of the Delta.

On certain examples the braking system was revised as well, with the installation of more efficient brake callipers and the use of aviation quality brake pipes.

The almost completed *Hyenas* were stored in the warehouse awaiting painting – six basic colours were offered (Rosso Monza, Giallo Fly, Verde Zagato, Bianco Saratoga, Nero and Azzurro Lido di Venezia) but any colour could be specified on payment of a supplement.

The Hyenas were finished and tested before undergoing a rigorous quality control examination carried out by Zagato

Testo e foto
Joanne Marshall

VESTITA PER VOLARE

Al volante della Hyena numero 1. Carrozzeria di alluminio e interni di carbonio esaltano le prestazioni della Delta campione del Mondo rally.

Compatta, grintosa, aggressiva. Questi sono solo alcuni degli aggettivi che saltano alla mente quando si vede venire incontro quel caratteristico muso basso e rosso, con l'inconfondibile scudetto Lancia e la luce dei fari che scintilla intensa, quasi minacciosa, prima che la macchina si fermi. La Lancia Hyena di Zagato è la coupé sportiva che molti, soprattutto quegli appassionati che amano i "purosangue" di razza italiana, stavano aspettando da tempo. E vederla finalmente nella veste di prototipo definitivo in ogni più piccolo particolare è stato per loro assistere alla realizzazione del sogno più grande. Hyena è una Zagato, fino in fondo. E' diversa da qualsiasi altro oggetto viaggiante su ruote, per via di uno stile che, come già è accaduto in passato per altri progetti del carrozziere milanese, divide drasticamente le opinioni del pubblico. Il fascino di Hyena è quello di un bulldog: discutibile, ma che difficilmente non colpisce.
Oltre al design, l'ultima sportiva di Zagato ha anche un altro asso nella manica: quello di essere progettata e costruita sulla base meccanica della Lancia Delta HF Integrale che attualmente è quanto di meglio possa offrire l'industria automobilistica italiana in termini di competitività. E il sesto, consecutivo, titolo mondiale rally conquistato quest'anno dalla Deltona ne fornisce la prova più attendibile.
Su questo chassis Zagato ha applicato una pelle di alluminio, un sistema che l'azienda milanese usa da generazioni. Questo straordinario connubio di metodi di costruzione tradizionali e applicazioni moderne è perfettamente sintetizzato anche dall'abitacolo della Hyena in cui sono condensate l'essenzialità tipica delle vetture sportive e la ricchezza di contenuti tecnologici avanzatissimi come l'abbondante uso di materiali in fibra di carbonio.
L'obiettivo, ancora una volta, era quello di contenere il peso. E i 150 chilogrammi di differenza fra la Hyena e la Deltona su strada si sentono.
L'accelerazione da fermo sembra più immediata, ma ciò che impressiona maggiormente della nuova sportiva Zagato è la ripresa del motore che sale in progressione già da 2000-3000 giri/min facendo percepire in modo meno evidente il ritardo della risposta del turbo.
Sulla Hyena le prestazioni si accompagnano a un più marcato rumore di valvole proveniente dal 4 cilindri twin cam, elemento questo che certo gratifica l'orecchio fino degli appassionati e che si sposa perfettamente con l'indole sportiva della vettura.
Dal punto di vista del comportamento su strada, migliorare la Delta HF Integrale è impresa ben ardua. L'intervento di Zagato si è pertanto limitato alle sospensioni: molle più corte e ammortizzatori da corsa Koni hanno abbassato il baricentro della vettura che ora si sente ancora più "attaccata" all'asfalto, impressione questa sottolineata dalla quasi totale assenza di rollio.
Guidare la Hyena è come essere al volante di un super go-kart. La vettura si inserisce in curva precisa, neutra, assolutamente piatta. La sensazione paradossale è che l'aderenza al suolo aumenti proporzionalmente con l'aumentare della velocità di percorrenza della curva stessa. Un vero piacere di cui potranno godere solo i settantacinque fortunati che, per una somma di 140 mila franchi svizzeri, si porteranno a casa questa sportiva, disponibile a richiesta anche con un super motore potenziato da 250 CV.

Le ricerca aerodinamica applicata al progetto Hyena si evidenzia nel nuovo frontale e sezione ridotta e si spinge fino ai più piccoli dettagli, come quello delle maniglie delle portiere.

Blunt, broad and aggressive. These are just a few of the adjectives that spring to mind as that distinctive low red nose manoeuvres towards you, its high intensity headlights blazing brightly as the car rolls menacingly to a halt. The Lancia Hyena Zagato is a sports coupé that a lot of enthusiasts, especially cult followers of Italian thoroughbreds, have subconciously been yearning for for a long time. And to finally see it in the flesh as a prototype complete in nearly every detail is to see the realization of a desire nurtured at length.
The Hyena is pure Zagato: it differs from anything else on the road today with a style that, as has often been the case with the coachbuilder's many past successes, immediately divides opinions into diametrically opposed corners. In the main, it has a bulldog charm that rarely fails to win over hearts and minds. But along with a distinctive design, Zagato's latest sports car plays another ace - that of using the chassis and running gear of Lancia's Delta HF Integrale Evoluzione. Thus the Hyena, like the classically clean-cut Delta, can boast the best the Italian motoring industry can offer in terms of competitiveness. Lancia's unbeaten sixth consecutive World Rally Championship Title is sufficient proof indeed of the car's incredible ability.
Over this advanced chassis, Zagato have applied a traditional light-weight aluminium skin. It's a system that has been used for generations around these parts, but which has just recently been rediscovered by leading manufacturers as one of the latest high-tech materials.

Più leggera, più aerodinamica, più veloce. Al volante della Lancia Hyena di Zagato si ha la sensazione di guidare un super go kart...

This fascinating match between traditional construction methods and modern applications is perfectly represented by the Hyena's interior which combines a spartan, racing appearance with the extensive use of carbon fibre. The objective was once more was to save weight. And the 150 kg saved over the donor vehicle make themselves felt on the road. Acceleration away from a standing start feels more rapid, but what impresses most is the way that the engine reveals greater mid-range urge between 2,000 and 3,000 revs and turbo lag is less evident. Greater immediacy in performance terms is accompanied by a more sporting level of induction and valvetrain noise feedback from the powerful twin cam, a factor that certainly appeals to enthusiasts and which perfectly complements the car's character.
Dynamically speaking, the Deltona is a hard act to follow, so the only area in which Zagato have intervened (apart from the after-market option of a 250 bhp tune engine) is in the suspension where a lower ride height is achieved via special springs and works-style Koni adjustable dampers. The Hyena impresses for the extra sensation of stability it provides thanks to its lower centre of gravity and excellent structural rigidity. Just as importantly, it feels even more agile and chuckable than the compact Lancia Delta HF Integrale, an impression underlined by the total absence of roll.
There's an oft-used analogy that sums up the Hyena's poise: it is like a go-kart that scoots around corners in a perfectly flat and neutral way, accentuating its levels of limpet-like grip and roadholding.

Avvolti di carbonio

La cura dimagrante studiata da Zagato per la Lancia Delta HF integrale non si è limitata alla carrozzeria, ma ha coinvolto anche gli interni. Dall'abitacolo della Hyena è stato eliminato il divanetto posteriore, al posto del quale è stato ricavato l'alloggiamento della ruota di scorta. La plancia è stata riprogettata in chiave più sportiva e realizzata completamente in fibra di carbonio, così come i rivestimenti degli interni. E il risultato ottenuto è notevole: tutti gli elementi dell'abitacolo della Hyena, sedili esclusi, pesano complessivamente 14 chilogrammi. Per avere un paragone basti pensare che la plancia della Delta HF di serie pesa da sola 17 chilogrammi.

Wrapped in carbon fibre

When Zagato began to work on the Hyena, the objective was once more to save weight and a simple illustration serves to prove the validity of the means used. The whole of the interior trim weighs just 14.4 kg which is less than the standard Delta's dashboard alone. Compared to the 17 kg of the production car's panel, the Hyena's dash is a mere featherweight at 2.5 kg, while the door panels weigh 1.5 kg each.

lità da parte dei tecnici della Zagato e, se giudicate idonee, venivano finalmente caricate sulla bisarca per tornare di nuovo in Olanda. Come da accordi la commercializzazione era infatti prerogativa della Lusso Service di Paul Koot, che si occupò anche del marketing e della campagna promozionale, realizzando un apposito dépliant ma anche manifesti promozionali e, soprattutto, mettendo la *Hyena* numero 00 a disposizione di molte testate giornalistiche specializzate. Quest'auto, che potremmo definire "di pre-serie", è facilmente riconoscibile rispetto a quelle di produzione per quattro particolari: le feritoie delle prese d'aria anteriori sono solo otto, mentre sul modello normale sono dieci, per agevolare lo scambio termico fra i radiatori dell'acqua e dell'intercooler, ma anche per un discorso estetico (dieci sono più centrate rispetto alla mascherina Lancia); i cerchi sono a sette razze (molto simili a quelli della contemporanea Maserati Shamal), mentre sulla *Hyena* di serie saranno a cinque razze; la scritta "*Hyena*" era riportata anche all'interno della vettura, davanti al sedile del passeggero; fu poi deciso di non riportarla sull'auto di serie in quanto un po' troppo grande e pacchiana; per il tappo del serbatoio fu impiegato quello di una moto Cagiva da cui fu cancellato il logo originale per applicarci sopra una bella "Z". Il bocchettone definitivo sarà diverso, in plastica e non di alluminio.

La *Hyena* è ormai realtà e, fra le altre, finisce anche sulla copertina di "Automobiles Classiques" nella primavera del 1993. Alla pagina a fianco, vista di tre quarti anteriore e posteriore di una *Hyena* "pre-serie", facilmente riconoscibile per alcuni significativi dettagli come la feritoia anteriore a otto uscite (anziché dieci come sul modello di serie), i cerchi a sette razze anziché cinque.

The Hyena was now a reality and among others was featured on the cover of Automobiles Classiques in the spring of 1993. On the facing page, front and rear three-quarters views of a "pre-production" Hyena, easily recognisable thanks to certain significant details such as the eight apertures under the grille (rather than 10 on the production car) and seven- rather than five-spoke wheels.

staff. If they passed, they were loaded onto a transporter and taken back to the Netherlands. It had been agreed that sales of the cars would be handled by Paul Koot's Lusso Service. He also took care of marketing and the advertising campaign and to this end he produced a brochure and advertising posters and more importantly he made the *Hyena* 00 available for testing by the specialist press.

This car, which we can define as a "pre-production" version, is easy to identify compared to production models thanks to four details: there are only 8 openings in the front air intakes, whereas on the normal cars there are 10, as this facilitates the heat exchange between the water radiators and the intercooler, but this solution was also chosen for aesthetic reasons (10 are better balanced compared to the Lancia grille); the wheels have seven spokes (very similar to the Maserati Shamal of the some period) while those of the standard *Hyena* had five spokes; the *Hyena* logo was used in the interior of the car in front of the passenger seat – it was decided that this was a little too intrusive and vulgar for the production version; the fuel cap from a Cagiva motorcycle was used with the original logo replaced with an attractive "Z". The definitive fuel cap was different it was made of plastic rather than aluminium.

Capitolo 6

La presentazione: i Saloni dell'Auto

Nel mese di gennaio 1992 ci fu la prima apparizione ufficiale in pubblico della *Hyena*. Fu scelto il Bruxelles Motor Show, manifestazione di grande tradizione, giunta quell'anno alla sua ottantesima edizione.
Il modello di stile in gesso bianco su cui si è visto all'opera Marco Pedracini ed alla cui definizione aveva partecipato anche Walter de' Silva, fu presentato in un'accattivante e sportiva livrea rosso corsa, con i fari gialli per il mercato belga e francese.
Lo stand era sviluppato in collaborazione con altri importanti carrozzieri italiani: Bertone, Italdesign e Pininfarina, nell'ambito della mostra "La creatività al servizio del design".
Il successo di pubblico e della critica fu immediato, al punto che, come accennato, durante quella fiera furono vendute già 12 *Hyena*, ma le richieste erano per un numero ben maggiore, al punto che si pensava che i 75 esemplari preventivati non sarebbero bastati ad accontentare la clientela.
In marzo, al Salone di Ginevra, lo stesso modello di stile di Bruxelles fu ripresentato in livrea bianca, con i proiettori anteriori gialli.
Nello medesimo anno, a maggio, la *Hyena*, sempre nello stesso colore bianco, fu esposta anche a Torino, al 64° Salone dell'Automobile, insieme ad altri studi, la Seta e la Bambù, entrambi prototipi realizzati su base Nissan. Assieme a questi modelli, in occasione dell'importante rassegna torinese, la Zagato presentò anche la Z-Eco, una

Due immagini del modello statico della *Hyena* mostrato al Salone dell'Automobile di Bruxelles nel gennaio del 1992. Alcuni importanti elementi lo differenziano dalla futura vettura di serie: gli otto sfoghi d'aria anteriori, le coperture in Plexiglas di colore giallo sui gruppi ottici e i cerchi.

Two photos of the static model of the *Hyena* displayed at the Brussels Motor Show in the January of 1992. Certain important elements differentiated it from the future production car: the eight front vents, the yellow Plexiglas covers over the lights and the wheels.

Chapter 6

The presentation: the Motor Shows

In January 1992, the *Hyena* made its first public appearance. The Brussels Motor Show was chosen as it was a motor show with an illustrious history and that year was the 80th edition.
The white plaster mock-up that Marco Pedracini was seen working on and which Walter de' Silva also contributed to, was presented in an attractive racing red, with yellow headlights for the local (Belgian) and French markets.
The stand was produced in cooperation with other leading Italian bodywork designers: Bertone, Italdesign and Pininfarina, as part of the exhibition "Creativity at the service of design".
Success with the public and the critics was immediate, to the extent that, as has already been mentioned, 12 *Hyenas* were sold during the Show, but it soon became apparent that 75 cars would not be enough to satisfy demand.
In March at the Geneva Motor Show, the same mock-up shown in Brussels was used again, but now in white with yellow headlights.
In the May of the same year, the white version of the *Hyena* was shown again at the 64th Turin Motor Show alongside the Zagato Seta and Bambù, both prototypes based on Nissan cars. At this important Turin show, Zagato also presented the Z-Eco, a small two-seater runabout with an incorporated bicycle, which was on show with variations by other coachbuilders on the Fiat Cinquecento theme.
Zagato was tremendously successful at the 1992 Turin Motor Show as was clearly shown by the enthusiasm with

Hyena

piccola utilitaria a due posti con bicicletta in dotazione, che era esposta insieme alle interpretazioni degli altri carrozzieri sul tema Fiat Cinquecento.

Quella al Salone di Torino 1992 per la Zagato fu una partecipazione di enorme successo, come dimostra la grande considerazione con la quale la critica automobilistica, estera e italiana, accolse le ultime creazioni dell'atelier di Rho. Inoltre, questo successo non si limitò alle vetture esposte ma si allargò anche allo spazio espositivo: infatti lo stand Zagato (progettato insieme all'architetto Lucio Micheletti, grande amico di Andrea) fu insignito del primo premio per il migliore design di una struttura espositiva.

Negli anni a seguire la *Hyena* fu presentata in diversi Saloni dell'Automobile: a Ginevra nel 1994 unitamente all'Alfa Romeo RZ ed alla Ferrari FZ 93, esercizio di stile del grande designer Ercole Spada (appena rientrato in Zagato dopo alcuni anni in Audi, BMW e all'I.De.A. Institute), ancora a Ginevra nel 1995 quando fu l'autentica *vedette* dello stand Zagato con ben tre esemplari in tre diversi colori, gialla, rossa ed azzurra.

Una nota curiosa: per la rassegna di Ginevra del 1993, non avendo a disposizione nessuna *Hyena*, in quanto già tutte vendute, la Zagato si affrettò a produrre dei modellini in scala da esporre nello stand. Erano talmente belli ed attraenti che una mattina, arrivando allo stand, Andrea Zagato si accorse che non erano più al loro posto: rubati da qualche collezionista!

Lo stand che a Bruxelles vide il debutto della Hyena fu realizzato in collaborazione con altri importanti carrozzieri italiani quali Bertone, Italdesign e Pininfarina, in un apposito spazio denominato "La creatività al servizio del design". Sotto, un giovane Andrea Zagato assieme al padre Elio e a Paul Koot.

---

which motoring journalists both foreign and Italian, received the latest creations from the Rho workshops. Furthermore, this success was not confined to the cars on display but also to the stand itself: in fact, the Zagato stand (designed by Zagato and the architect Lucio Micheletti, one of Andrea's closest friends) was awarded the first prize for the best design.

Over the next few years the Hyena was shown at various Motor Shows: in Geneva in 1994, with the Alfa Romeo RZ and the Ferrari FZ 93, a stylistic exercise by the designer Ercole Spada (who had just come back to Zagato after several years with Audi, BMW and the I.De.A. Institute), and again in Geneva in 1995, when it was the real centrepiece of the Zagato stand with three examples in three different colours, yellow, red and blue.

It is worth noting that for the Geneva show in 1993, as no *Hyena* was available, as they had all been sold, Zagato hurriedly produced a number of scale models to show on the stand. They were so beautiful and attractive that on arriving at the stand Andrea Zagato found that they were no longer there as they had been stolen by some collector or other!

The stand that in Brussels saw the debut of the Hyena was realised in collaboration with other important Italian coachbuilders such as Bertone, Italdesign and Pininfarina in a dedicated space entitle "Creativity at the Service of Design". Below, a young Andrea Zagato together with his father Elio and Paul Koot.

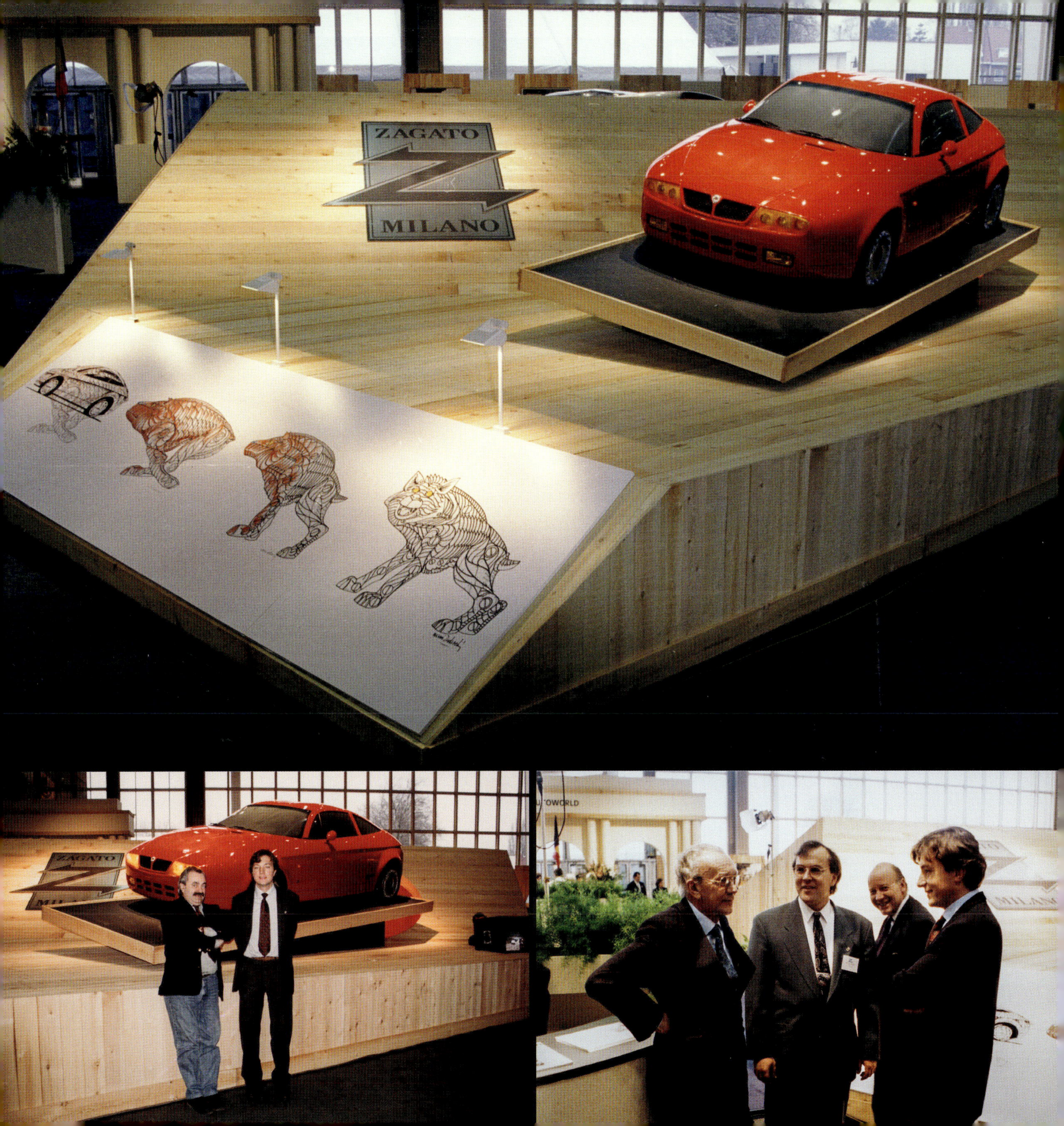
ZAGATO
MILANO

Un'altra veduta complessiva dello spazio riservato ai designer italiani al Salone di Bruxelles del 1992. Alla pagina a fianco, i modellini in scala della *Hyena* (uno dei quali fotografato oggi, in basso) realizzati dalla Zagato stessa e utilizzati nel loro stand al Salone dell'Automobile di Ginevra del 1993. Un anno prima, sempre a Ginevra, lo stesso modello non marciante portato a Bruxelles riapparve con carrozzeria di colore bianco. A centro pagina, la piccola scritta *Hyena* collocata poco sopra la mascherina anteriore dell'esemplare verniciato in bianco e, a destra, l'altra scritta Hyena, questa volta ben più grande, che appariva all'epoca negli stand di Zagato, oggi gelosamente conservata da Paul Koot.

Another view of the space reserved for the Italian designers at the Brussels Motor Show in 1992. On the facing page, the scale models of the *Hyena* (one of which photographed today, below) realised by Zagato and used on their stand at the 1993 Geneva Motor Show. A year later, again in Geneva, the same static model seen in Brussels reappeared with bodywork featuring a white livery. Centre, the small Hyena badge located just above the front grille of the example finished in white and, right, the other Hyena script, this time much larger, that appeared at the time on the Zagato stand, today jealously conserved by Paul Koot.

ZAGATO
ZAGATO
MILANO
Hyena
Hyena
Hyena

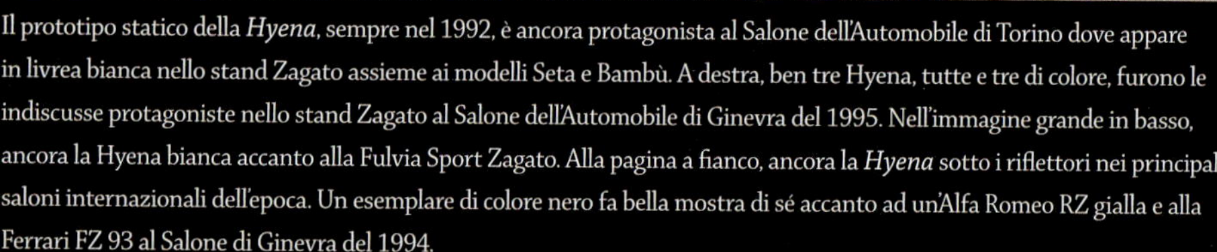

Il prototipo statico della *Hyena*, sempre nel 1992, è ancora protagonista al Salone dell'Automobile di Torino dove appare in livrea bianca nello stand Zagato assieme ai modelli Seta e Bambù. A destra, ben tre Hyena, tutte e tre di colore, furono le indiscusse protagoniste nello stand Zagato al Salone dell'Automobile di Ginevra del 1995. Nell'immagine grande in basso, ancora la Hyena bianca accanto alla Fulvia Sport Zagato. Alla pagina a fianco, ancora la *Hyena* sotto i riflettori nei principali saloni internazionali dell'epoca. Un esemplare di colore nero fa bella mostra di sé accanto ad un'Alfa Romeo RZ gialla e alla Ferrari FZ 93 al Salone di Ginevra del 1994.

The static prototype of the *Hyena*, again in 1992, also featured at the Turin Motor Show where it appeared in the white livery on the Zagato stand alongside the Seta and Bambù models. Right, no less than three Hyenas, all three finished in were the undisputed protagonists of the Zagato stand at the 1995 Geneva Motor Show. In the large photo, bottom, the white Hyena again alongside the Fulvia Sport Zagato. On the facing page, the *Hyena* again under the spotlights at the principal motor shows of the era. An example finished in black cuts a fine figure alongside a yellow Alfa Romeo RZ and a Ferrari FZ 93 at the 1994 Geneva Motor Show.

ALBAR
BMW ALPINA
McLAREN CARS
HORAG
DIGIT POWER
AUTOMOBILES
GUTMANN
ROYLE
SUZUKI
DAIHATSU
HYUNDAI
MAZDA
MAZDA
AC SCHNITZER
LORINSER
RINSPEED
FINISH LINE
SAAB
HEULIEZ
CITROEN
DELTA MOTOR
VOLVO
LANCIA
CITROEN
Mercedes-Benz
Mercedes-Benz
ZAGATO

Capitolo 7

La commercializzazione: il dépliant e il listino

La Lusso Service era responsabile della vendita e della promozione della *Hyena* e, a tal fine, furono realizzati nel corso del tempo una serie di dépliant e di brochure da diffondere alla stampa e agli addetti ai lavori. Prima fra tutte un'accattivante brochure con copertina in finto carbonio che richiamava il materiale così ampiamente impiegato sulla vettura. Al suo interno si potevano trovare numerosi disegni di Marco Pedracini e di Nani Tedeschi, oltre a svariate immagini della *Hyena* in tutte le sue viste.
Paul Koot fece anche stampare un manifesto pubblicitario che si sperava potesse essere affisso all'interno delle concessionarie Lancia, cosa che accadde a dire il vero in poche occasioni. Questo manifesto è diventato oggi un prezioso oggetto di "memorabilia". Anche la Zagato inserì la *Hyena* in alcuni dei suoi dépliant, uno dei quali dedicato all'allora rinnovato "Centro Stile Zagato".
Vale la pena approfondire il discorso sulla tabella colori, in quanto non esiste vettura al mondo prodotta in così pochi esemplari, ma in così tanti colori diversi: infatti, oltre ai sei colori standard (Rosso Monza, Giallo Fly, Verde Zagato, Bianco Saratoga, Nero, Azzurro Lido Venezia), molte *Hyena* furono ordinate in tinta personalizzata e oggi ci si può imbattere in *Hyena* grigio metallizzato, verde e giallo chiaro, blu scuro e verde metallizzato, blu che, sotto

Il materiale pubblicitario relativo alla *Hyena*, già all'epoca del lancio del nuovo modello, non è mai stato molto. Si segnala comunque questo raro foglio sul quale erano riportate una serie di immagini della vettura, la n. 0. Anche in questo caso l'intestazione era doppia, Carrozzeria Zagato e Lusso. In basso, un documento preziosissimo: alcune pagine interne del dépliant ufficiale della Lancia *Hyena*, che mette in luce alcuni particolari di carrozzeria, meccanica e interni.

Even when the car was launched there was never much promotional material relating to the Hyena. Worthy of note is this rare sheet featuring a series of photos of car No. 0. In this case too, both the Carrozzeria Zagato and Lusso names are featured. Bottom, an invaluable document: a number of inside pages from the official Lancia Hyena brochure that sheds light on certain coachwork, mechanical and interior details.

Chapter 7

Marketing: brochure and catalogue

Lusso Service was responsible for sales and promotion of the *Hyena*, and to this end a number of brochures and leaflets were produced over a period of time that were to be given to the press and specialists. The first was an attractive brochure with a cover made of carbonfibre that reminded the reader of the materials that were so liberally used in the car. Inside, there were numerous drawings by Marco Pedracini and Nani Tedeschi, as well as various pictures of the *Hyena* from all angles.
Paul Koot also had an advertising poster printed, which it was hoped would be hung in Lancia dealerships, something that did not happen very often. This poster has now become today a precious piece of memorabilia. Zagato also included the Hyena in some of its brochures, one of which was all about the renovated "Centro Stile Zagato".
It is worth spending some time to talk about the colour chart, seeing as there is no other car with such a small production run that has so many colours available: in fact, as well as the six standard colours (Rosso Monza, Giallo Fly, Verde Zagato, Bianco Saratoga, Nero, Azzurro Lido Venezia), many *Hyenas* were ordered in personalised colours and these days they can be found in metallic grey, green and light yellow, dark blue and metallic green as well as a blue that from certain angles looks like purple. However, among the 24 Hyenas produced you also come across some that

ZAGATO
MILANO
Hyena
LUSSO
© Bruno GREGOIRE 1992

ZAGATO
MILANO
Hyena
LUSSO

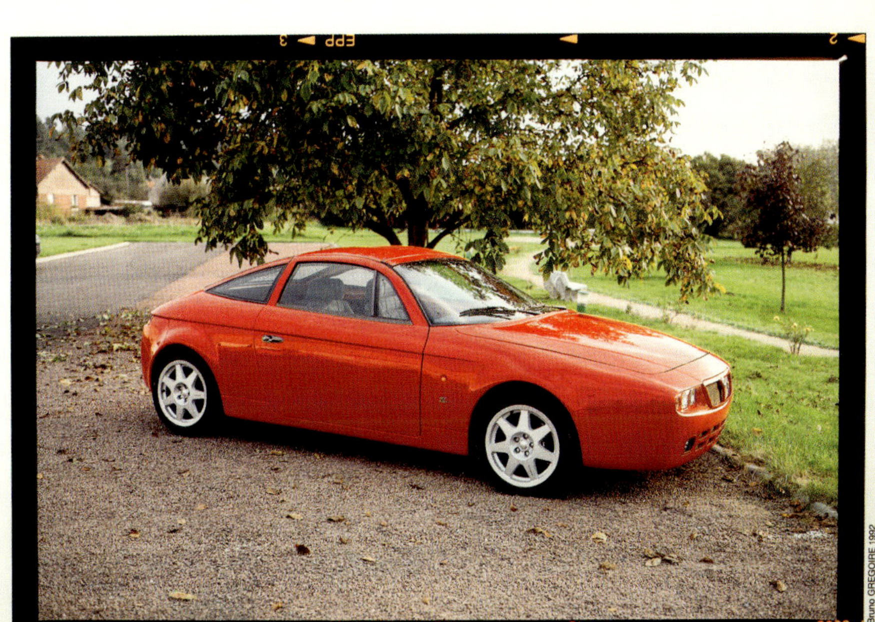

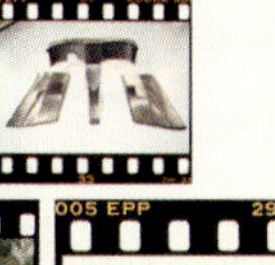

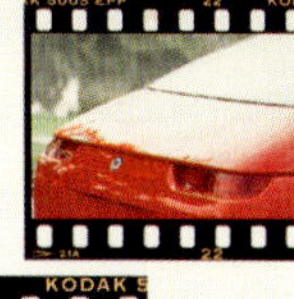

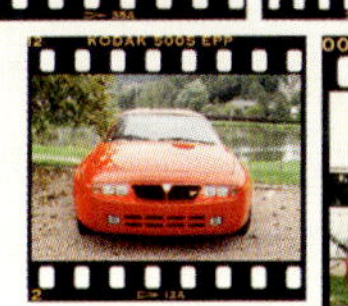

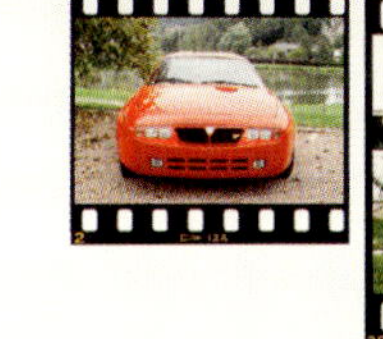

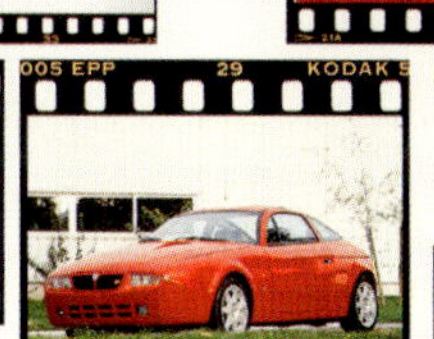

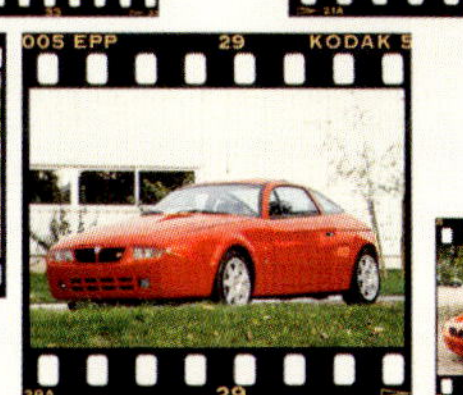

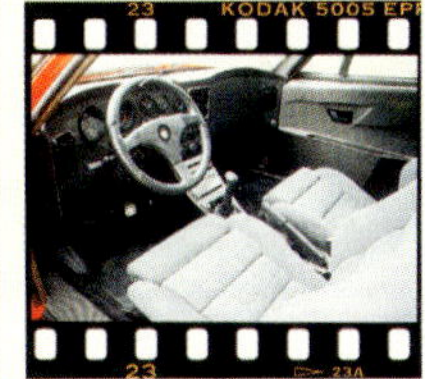

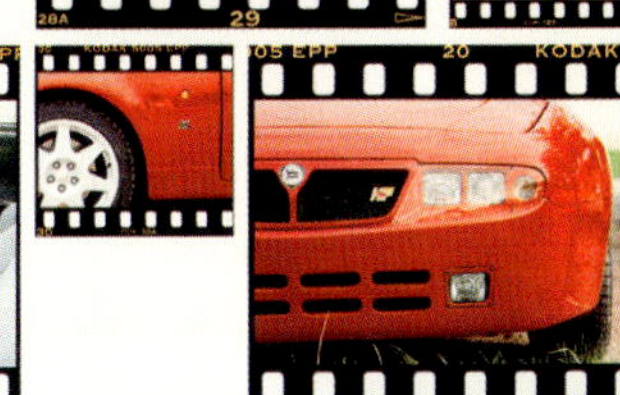

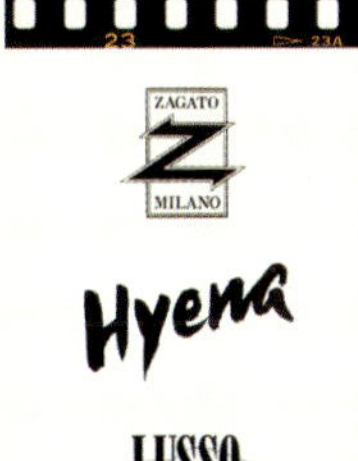

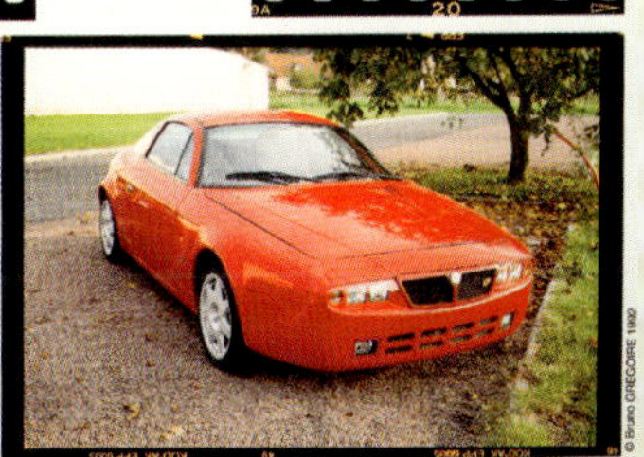

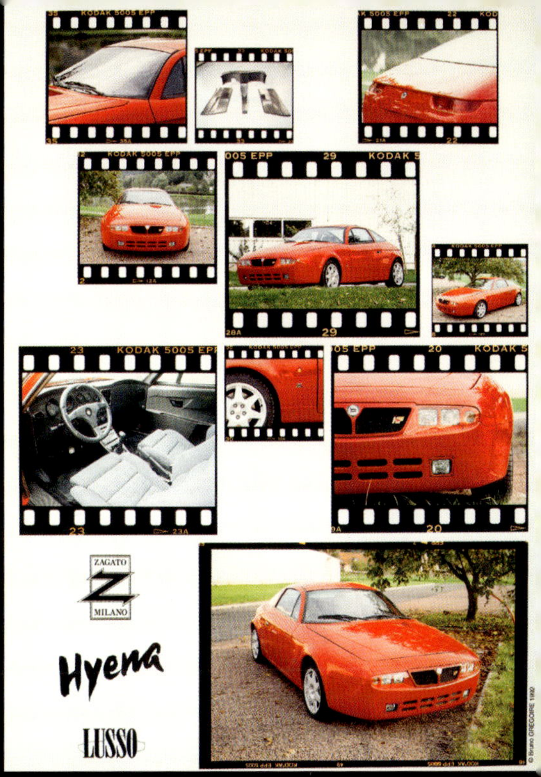

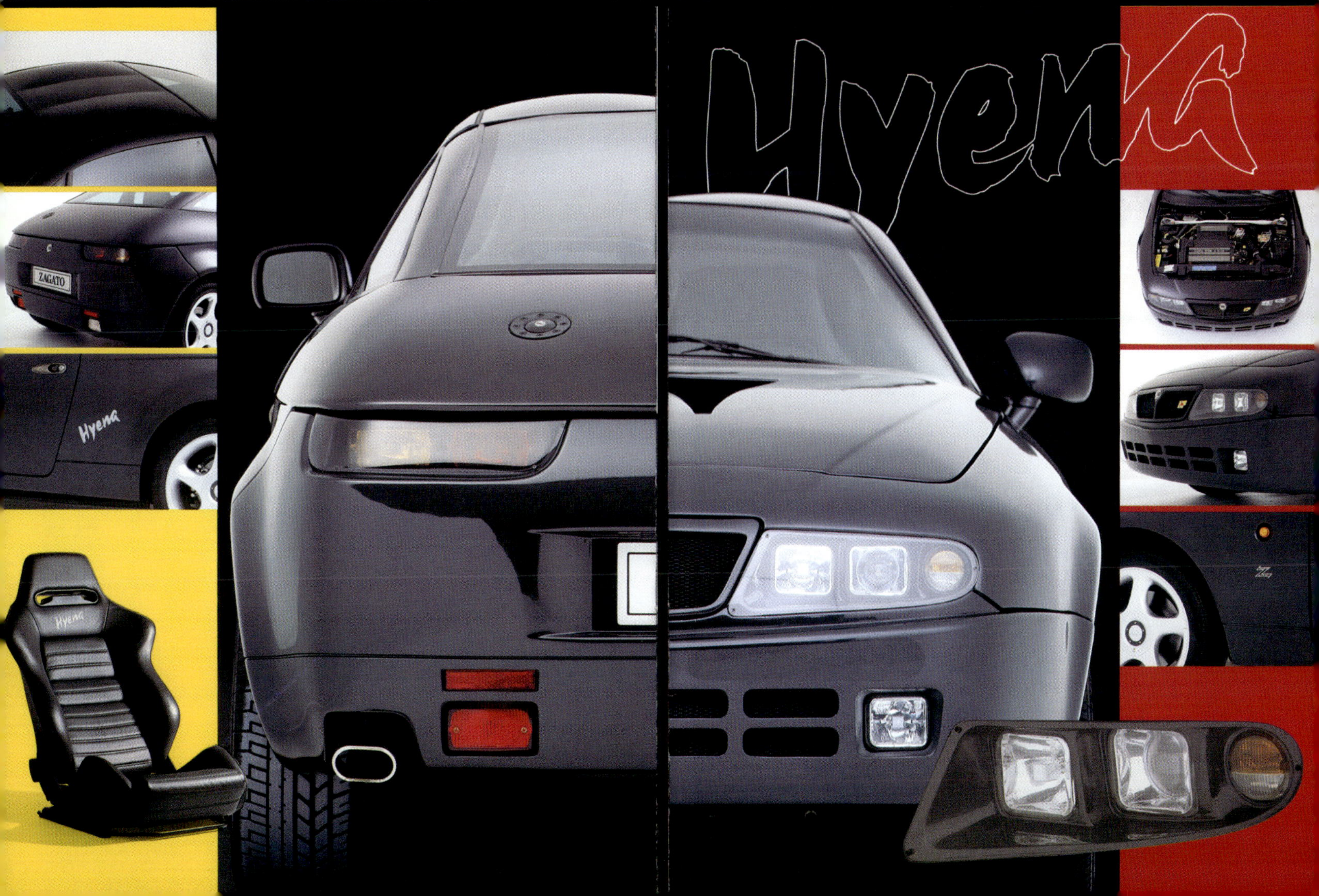
Hyena
ZAGATO

determinate angolazioni, pare tendere al viola. Ma fra le 24 *Hyena* prodotte se ne incontrano anche rosse con la striscia HF che diventa "HZ" ossia "*Hyena* Zagato", rosso metallizzato cangiante verso il rosa, con striscia "HF". Una dozzina di colori diversi su ventiquattro vetture prodotte è sicuramente una bella media!

La scheda tecnica che veniva consegnata al potenziale cliente era in tre lingue: francese, inglese e tedesco. Una volta diventato proprietario, il cliente riceveva anche il contratto di vendita della *Hyena*, molto accurato e preciso, le condizioni di vendita.

Fra la documentazione ufficiale, particolare attenzione merita il listino Lusso Service della *Hyena*, datato 1° gennaio 1993, in franchi svizzeri. Il primo dato che salta all'occhio è l'elevato costo della vettura di base, al quale bisogna aggiungere quello degli optional. Una *Hyena* accessoriata con aria condizionata (ce l'avevano praticamente tutte), ABS, impianto stereo, kit di potenziamento e colore non originale, arrivava a costare circa 150.000 franchi svizzeri, una cifra con la quale allora si poteva comprare un piccolo alloggio al mare!

Tra i pochi optional è interessante la possibilità di montare i finestrini laterali in plexiglas e il roll-bar, per un uso agonistico dell'auto (furono montati solo su tre vetture).

Un prezzo di vendita così elevato è stato sicuramente uno dei freni alle vendite, pur giustificato

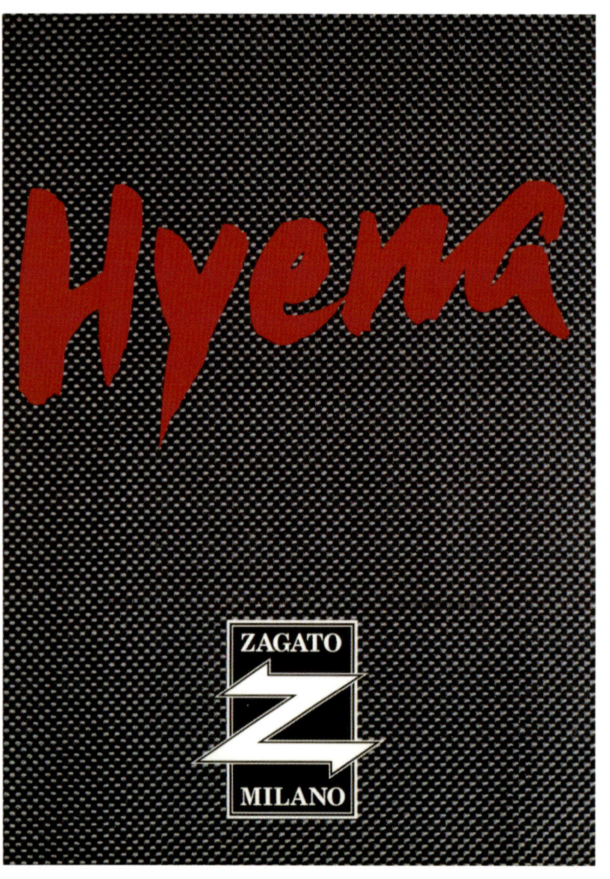

L'originale copertina in finto carbonio della brochure dedicata alla *Hyena* e, alla pagina a fianco, oltre ad un'accattivante immagine ufficiale della vettura... in azione, copertina e doppia pagina di interna di un servizio che la rivista "Auto Capital" dedicò alla *Hyena* e all'Alfa Romeo RZ nel numero di novembre del 1992.

The original cover in imitation carbon fibre of the Hyena brochure and on the facing page, as well as an attractive official photo of the car in faction, the cover and an article which the magazine Auto Capital devoted to the Hyena and the Alfa Romeo RZ in the November 1992 issue.

---

are red with the "HF" stripe which becomes "HZ", standing for "*Hyena* Zagato", a metallic red tending to pink, with the "HF" stripe.

A dozen different colours for twenty-four cars is certainly a very good average!

The technical specification sheet that was given to potential clients was in three languages: French, English and German. As soon as he became the owner of the car, the customer was given a very accurate and precise *Hyena* sales contract, with the conditions of sale.

Amongst the official documents relating to the Hyena, the Lusso Service sales list for the Hyena is worthy of note, dated the 1st of January 1993 in Swiss francs. The first thing that strikes you is the high price of the standard car, to which you have to add on the options. A *Hyena* equipped with air-conditioning (it was fitted to nearly all the cars), ABS, stereo, the engine tuning kit, and a non-standard colour, could cost as much as 150,000 Swiss francs, a figure which at that time would have been enough to buy a small house by the sea!

Amongst the options was the interesting possibility of fitting Plexiglas side windows and a roll-bar to enable the car to compete in races (they were only fitted to three cars).

This high sales price was almost certainly one of the reasons why the car did not sell in large numbers, even though it

Fuoriserie-2/ *È davvero possibile farsi tagliare la macchina su misura? Chi sono gli specialisti in grado di esaudire ogni desiderio? Come si risolvono i problemi di burocrazia?* AutoCapital *ha indagato a fondo: ecco il primo vademecum per chi vuole una vettura davvero personale*

AUTO DA SÉ

Gli artefici più noti della rinascita della fuoriserie italiana: la famiglia Zagato. Dall'alto, in senso orario, Andrea, Luca, Elio e Gianni Zagato rispettivamente davanti a Lancia Hyena, Ferrari 348 Evoluzione, Bambù e Alfa Romeo RZ, le loro più recenti realizzazioni.

Parafanghi allargati e colori adatti a un daltonico sono un classico dello stile made in Germany. Ma non sempre allargare la carreggiata di una vettura di serie è indice di cattivo gusto: se si presta attenzione anche all'equilibrio delle forme i risultati possono essere esteticamente piacevoli, la Lancia Delta Integrale ne è un esempio illustre. Questo intervento non è però che il primo passo della

dalla elevata qualità dell'auto. Le voci che fecero lievitare i costi erano sicuramente l'impiego di materiali pregiati quali l'alluminio ed il kevlar per la carrozzeria, l'ampio uso di carbonio per gli interni e l'artigianalità con la quale veniva realizzata la *Hyena* in tutte le fasi produttive. Influirono poi negativamente anche, se non soprattutto, gli spostamenti continui dall'Italia all'Olanda, per poi tornare in Italia e infine nuovamente in Olanda.
Infine il "colpo di grazia" fu dato dalla Casa madre che, non fornendo i "telai marcianti", costringeva Paul Koot ad acquistare le Lancia Delta dalla rete ufficiale, con un ovvio margine di guadagno anche per il distributore. Bisognava poi considerare il grande lavoro per lo smontaggio dalle Delta di tutto quanto non fosse utilizzato sulla *Hyena*; inoltre la vendita di tutti i ricambi ottenuti da questo smontaggio non riuscì ad ammortizzare l'operazione.
Un altro aspetto da tenere in considerazione nell'esame del mercato della *Hyena* è la cosiddetta "bolla speculativa" che finì inevitabilmente per coinvolgere anche questa "instant classic".

Un altro documento di eccezionale valore: la "mazzetta" con la gamma colori della *Hyena*. Alla pagina a fianco, a sinistra, il listino prezzi ufficiale della *Hyena* e ancora la gamma colori com'era pubblicata sul dépliant della vettura.

Another document of exceptional value: the *Hyena* colour chart. On the facing page, left, the official *Hyena* price list and the colour range as published in the car's brochure.

was justified by the high quality of the car. The items that raised costs were almost definitely the use of high-quality materials such as aluminium and Kevlar for the bodywork, the widespread use of carbonfibre for the interior and the craftsmanship which went into every phase of production of the Hyena. Another negative effect on sales were also the continuous to-ing and fro-ing between Italy and Holland.
The final "coup de grace" was caused by the parent company not supplying complete working chassis that forced Paul Koot to buy his Lancia Deltas from the official network, which obviously created a profit margin for the dealer as well. Another thing to take into consideration was the enormous amount of work dismantling the Delta cars and removing everything that was not to be used on the *Hyena*; furthermore the sale of all the spare parts which were left over from this dismantling process did not cover the costs of the operation.
Another thing to consider when looking at the *Hyena's* market was the so-called "speculative bubble" which inevitably ended up affecting this "instant classic".

NIEUWGRAAF 116 DUIVEN 6921 RL HOLLAND PHONE (31) 8303 16333/18210 FAX 16614

LANCIA HYENA ZAGATO
LISTE DE PRIX - PREISLISTE - PRICE LIST

1-1-1995

For cars with catalytic converter

Tous prix hors taxe en CHF (Francs Suisses)
Alle Preise steuerfrei in CHF (Schweizer Franken)
All prices tax-free in CHF (Swiss Francs)

F.O.B Duiven, Pays Bas / Holland / The Netherlands.

LANCIA HYENA ZAGATO . . . . CHF.142.000,=

Système A.B.S/A.B.S System: . . . . STANDARD

Air conditionné/Klimaanlage/Airconditioning: . . . . STANDARD

Arceau de sécurité (acier)/Überrollkäfig (stahl)/
Roll cage (steel): . . . . CHF. 1.450,=

Equipement Stéréo/Stereo anlage/
Stereo equipment: . . . . CHF. 1.455,=
(SONY radio/CD CDX-5460 RDS, 4x25W plus 80W active woofer)

Moteur plus puissant/Gesteigerte Motorleistung/
Engine power increase (178 KW/250 BHP DIN): . . . . CHF. 1.350,=**

Couleurs standard/Serienmässige Farben/Standard colors:
Rosso Monza - Verde Zagato - Giallo Fly - Bianco Saratoga -
Nero - Azzurro Lido Venezia

Autres teintes/Andere Farben/Different colors: . . . . CHF. 1.000,=

L'acompte pour le contrat d'achat d'une Lancia Hyena Zagato est de CHF 40.000,=
Die Anzahlung fur einen Lancia Hyena Zagato Kontrakt ist CHF. 40.000,=
The downpayment for a Lancia Hyena Zagato contract is CHF. 40.000,=

** Non-homologated

RABOBANK POSTBOX 160 ZEVENAAR 6900 AD HOLLAND ACCOUNT NR. 38 48 28 124

ROSSO MONZA

GIALLO FLY

VERDE ZAGATO

BIANCO SARATOGA

NERO

AZZURRO LIDO VENEZIA

Capitolo 8

L'evoluzione della Hyena: la Lancia Delta Sport

Quando i giovani Paul Koot e Andrea Zagato decidono di iniziare l'avventura *Hyena*, nelle loro intenzioni c'è la ferma volontà di non lasciar morire l'importante eredità meccanica, ma soprattutto sportiva, della Lancia Delta HF Integrale Evoluzione. Si tratta della prima coupé sportiva a trazione integrale del Gruppo Fiat, una vettura che vanta sei Campionati Mondiali Rally Costruttori consecutivi (dal 1987 al 1992) e quattro Campionati Mondiali Rally Piloti, proposta in versione stradale.

Oggi moltissimi coupé montano meccaniche integrali ma nel 1992 si trattava di una vera e propria novità. Basti pensare che la prima Audi TT, una vettura che sembra ispirarsi in qualche maniera alla *Hyena*, data 1998 ossia sei anni dopo la *Hyena*. E questo *fil rouge* che lega idealmente queste due automobili porta ad affermare che la Lancia, nei primi anni Novanta, ha probabilmente perso con la *Hyena* la miglior occasione per rilanciare il suo marchio nell'inedito segmento delle coupé sportive integrali, avendo in listino un prodotto da inserire in un segmento nel quale, solo alcuni anni dopo, l'Audi con la TT ha colto uno dei suoi più importanti successi commerciali.

Vista con gli occhi di oggi, questa occasione, soprattutto a fronte delle incertezze che aleggiano sul futuro della Lancia, appare come l'ultima avuta per le mani della Lancia per avere un coupé sportivo 4x4.

In questa doppia pagina e nella successiva, bozzetti di ricerca per il design della Delta Sport Zagato, ispirata anche alla Lancia Appia Sport Zagato.

On this double page and the following spread, research sketches for the styling of the Delta Sport Zagato, inspired in part by the Lancia Appia Sport Zagato.

Chapter 8

The evolution of the Hyena: the Lancia Delta Sport

When the young Paul Koot and Andrea Zagato decided to set off on the *Hyena* adventure they were determined to prevent the mechanical and above all sporting heritage of the Lancia Delta Integrale Evoluzione from fading away. This was the Fiat Group's first four-wheel drive sports coupé, a car boasting six consecutive World Rally Championship constructors' championships (1987-1992) and four World Rally Championship drivers' titles, proposed in road-going form.

Today many coupés feature four-wheel drive but this was a real innovation in 1992. Just think that the first Audi TT, a car that would appear to been inspired to as certain extent by the *Hyena*, dates from 1998, a good six years after the *Hyena*. This *fil rouge* that ideally connects these two cars leads us to suggest that in the early Nineties Lancia probably missed out on an ideal opportunity to relaunch the marque having a model ready to be launched in this new four-wheel drive coupé segment where a few years later Audi, with its TT, enjoyed one of its greatest commercial successes.

With hindsight, this opportunity, especially given the uncertainties over Lancia's future, would appear to have been the last for the company to have a sporting 4x4 coupé.

The Delta Integrale assembly lines at Chivasso had been rented to Maggiora, the Turinese coachbuilder close to the

Le linee di montaggio della Delta Integrale a Chivasso erano state affittate a Maggiora, carrozziere torinese vicino all'allora CEO e l'idea iniziale dell'ingegner Giuseppe Perlo era quella di alimentare queste linee con un prodotto derivato quale appunto poteva essere la *Hyena* o una sua derivata. Questo coupé, nome del progetto Delta Sport, avrebbe avuto nel proprio DNA tutto il know-how e lo stile della sua progenitrice ma l'aspetto di un coupé leggero ed aggressivo, progettato, fin dall'inizio, per poter scendere in pista.

Era questo un programma molto ambizioso, in quanto i regolamenti sportivi imponevano che per ottenere l'omologazione per le corse fossero costruiti e venduti almeno 500 esemplari dell'auto: un tale programma sarebbe stato impossibile senza l'intervento diretto della Casa madre.

In realtà Paul ed Andrea decisero di partire con la produzione dei primi 75 esemplari perché erano fermamente convinti che il Gruppo Fiat-Lancia, a cose fatte (ossia dopo la commercializzazione di queste prime 75 vetture autorizzate), avrebbe dato un supporto all'iniziativa, con la costruzione dei 500 esemplari richiesti. Non erano lontani dal vero. Infatti, la Lancia commissionò la ricerca di stile per realizzare un primo prototipo e lo studio di fattibilità e costi per portare in produzione la Lancia Delta Sport.

Di questo progetto si occupò direttamente Ercole Spada, tornato a dirigere il rinnovato Centro Stile Zagato dal 1993 al 1995. Essendo Spada l'autore delle Lancia Sport tra il 1960 e il 1969 ed avendo più recentemente realizzato in I.De.A. la Lancia Dedra così come la nuova Lancia Delta, la scelta di Andrea di coinvolgerlo per guidare il progetto parve la più opportuna.

Il "restyling" della *Hyena* operato da Spada lasciava pressoché inalterato il profilo della vettura, modificava invece il frontale, più aggressivo con solo sei prese d'aria anziché dieci, e con nuovi fari di profondità specifici inseriti subito sopra all'antinebbia. Diverso era invece il trattamento della linea di cintura e quindi del terzo vetro posteriore che si richiamava inequivocabilmente alle Lancia Sport Flavia e Fulvia e che è diventato oggi il DNA Lancia per la nuova Ypsilon

---

then CEO and the initial idea of Ing. Giuseppe Perlo had been to exploit the facility to produce an offshoot model such as the Hyena or a derivative of the same. This coupé, given the project name Delta Sport, would have as part of its DNA all the know-how and style of its forebear, but the appearance of a light, aggressive coupé, designed from the outset with track use in mind.

This was a highly ambitious programme given that the sporting regulations demanded that at least 500 examples of the car would have to be produced for homologation purposes: such a programme would have been impossible without the direct intervention of the head company.

In reality Paul and Andrea had decided to go ahead with the production of the first 75 examples because they were convinced that once the project was up and running with the launch of these first cars the Fiat-Lancia Group would have backed the initiative with construction of the requisite 500 examples. That was not far from the truth. Lancia in fact commissioned styling research for the creation of an initial prototype and cost and feasibility studies for producing the Lancia Delta Sport.

This project was dealt with directly by Ercole Spada who had returned to direct the revitalised Zagato Styling Centre between 1993 and 1995. As Spada had been responsible for the Lancia Sports between 1960 and 1969 and having recently created at I.De.A the Lancia Dedra and the new Delta, Andrea's decision to ask him to lead the project appeared to show considerable foresight.

The "restyling" of the Hyena by Spada left the profile of the car virtually unchanged while modifying the front end, which became more aggressive with six rather than ten intakes and new dedicated main beam driving lamps added immediately above the fog lamps. The treatment of the belt-line was instead different and the third rear window unequivocally referenced the Lancia Flavia and Fulvia Sport models and has now become part of the Lancia DNA in the new Ypsilon and the new Delta. The rear lighting clusters were also dedicated components and a rear hatch would have facilitated the loading of luggage.

LANCIA DELTA SPORT
LANCIA
322
25
ZAGATO
MILANO

e per la nuova Delta. Anche i fanali posteriori sarebbero stati specifici e un portellone avrebbe agevolato il carico di eventuali bagagli.
Lo studio della Delta Sport non era solo estetico, ma si rividero anche molti dei contenuti per abbassarne i costi di produzione. La plancia e tutti gli interni non sarebbero più stati in carbonio, il cofano in kevlar sarebbe stato sostituito dall'alluminio e la produzione sarebbe stata realizzata totalmente negli ex-stabilimenti Lancia di Chivasso, evitando di trasportare avanti ed indietro per l'Europa le automobili.
In questo capitolo pubblichiamo alcune immagini davvero eccezionali, realizzate sotto la guida di Ercole Spada, relative al master per la realizzazione del primo prototipo dopo che l'analisi economica sui costi di sviluppo era stata giudicata in linea e soprattutto la risposta della rete dei concessionari Lancia italiani, interpellati direttamente a Bologna durante la loro convention, aveva dato un *feedback* estremamente promettente.
Tutti gli appassionati e gli estimatori del marchio Zagato sono oggi convinti che se ciò fosse accaduto, i Campionati mondiali Rally vinti dalla Lancia sarebbero ora ben più dei 6 consecutivi della Delta ma, come si dice, è inutile piangere sul latte versato.
Il CEO del Gruppo Fiat aveva una diversa idea di Lancia. Pensava che il successo Lancia fosse replicabile con prodotti nel segmento del lusso e non credeva nel DNA sportivo del marchio. Questo concetto si tradusse in un prodotto che, addirittura, si disse disegnato dallo stesso ingegner Paolo Cantarella: la Lancia Kappa Coupé. Questa visione aziendale portò in breve tempo ad una riorganizzazione dei tre marchi del Gruppo: Fiat avrebbe prodotto le auto per il grande mercato delle utilitarie, Alfa sarebbe stata l'anima sportiva, mentre alla Lancia veniva lasciato il ruolo di costruttore di vetture eleganti e confortevoli, rinunciando completamente ad un immenso patrimonio di immagine e di esperienza accumulato in tanti anni di successi sportivi. Alla Delta Sport, derivata dalla *Hyena,* fu pertanto preferita da Cantarella la Kappa Coupé, forse uno dei più grossi "flop" della storia Lancia!

Sketch di ricerca formale per il disegno della vista frontale della Delta Sport, eseguiti da Marco Pedracini sotto la guida di Ercole Spada. Alla doppia pagina seguente, sketch di ricerca formale per il disegno della vista laterale.

There was more to the design of the Delta Sport project than just styling as many aspects of the car were revised with a view to reducing costs. The dashboard and the rest of the interior components would no longer feature carbonfibre, the Kevlar bonnet was to be replaced with an aluminium version and production would take place in the former Lancia plant at Chivasso, avoiding the need for the cars to be transported to and fro across Europe.
In this chapter we have published a number of exception images created under the guidance of Ercole Spada and relating to the master for the production of the first prototype after the analysis of development costs had been approved and above all after the response from the Italian Lancia dealers, questioned at their convention in Bologna, had provided extremely promising feedback.
All enthusiasts and fans of the Zagato marque are convinced that had the project gone ahead, Lancia would undoubtedly have added to the Delta's six consecutive World Rally Championship constructors' title, but as the saying goes, there is no use in crying over spilled milk.
The CEO of the Fiat Group had different plans for Lancia. He felt that that Lancia's success could be replicated with products in the luxury segment and had no faith in the marque's sporting DNA.
This concept translated into a product that was actually said to have been designed by Ing. Paolo Cantarella himself: the Lancia Kappa Coupé. This corporate vision soon led to a reorganization of the Group's three brands: Fiat was to produce cars for the mass market, Alfa was to represent the sporting side while Lancia was asked to play the role of the constructor of elegant, comfortable cars and to forego its immense patrimony of prestige and experience accumulated over so many years of sporting success. The Delta Sport, derived from the *Hyena*, was rejected by Cantarella in favour of the Kappa Coupé, perhaps one of the biggest flops in Lancia history!
How the powers that be at Lancia let such an opportunity escape despite the best efforts of Giuseppe Perlo is difficult to

Styling sketches for the design of the front end of the Delta Sport, executed by Marco Pedracini under the direction of Ercole Spada. On the following double page spread, styling sketches showing the modelling of the flanks.

Come mai la dirigenza Lancia, nonostante l'impegno di Giuseppe Perlo, si fosse fatta scappare un'occasione simile è davvero difficile comprendere. Il mancato riconoscimento del ruolo sportivo del marchio Lancia portò inevitabilmente a gettare "alle ortiche" un bagaglio immenso di conoscenze tecnologiche, conquistato con fatica negli anni precedenti da Vittorio Ghidella, da Sergio Limone e dal tutto il suo team. Davvero è un peccato che di un'auto bella e performante come la *Hyena* siano state prodotte solo 24 unità. Avrebbe meritato molto molto di più!
A parziale giustificazione del comportamento del Gruppo Fiat, dovremmo parlare della cosiddetta "bolla speculativa". In quegli anni si era innescato un meccanismo perverso: molti appassionati desideravano possedere subito un'auto esclusiva, prodotta in serie limitata, un "instant classic", come si diceva all'epoca. Il prezzo di queste auto saliva così velocemente che chi aveva prenotato un esemplare al momento giusto, subito dopo la consegna, poteva rivenderlo ad un prezzo anche cinque o sei volte maggiore: accadde così con molte auto, come ad esempio la Ferrari F40 e l'Alfa Romeo SZ, parente stretta della nostra *Hyena,* anche lei considerata appunto un "instant classic". Questa "bolla speculativa" attraversò agli inizi degli anni Novanta un momento di stasi. I prezzi delle auto storiche e quelli delle auto moderne collezionabili si sgonfiarono di colpo per poi riprendere a salire solo alcuni anni più tardi. Oggi queste vetture sono considerate uno dei migliori investimenti che il mercato possa offrire ma, per alcuni anni, questo *trend* si interruppe.
Il Gruppo Fiat non interpretò questo momento come transitorio o congiunturale e questo fu forse il suo grande errore, oltre ad altre considerazioni forse più banali e sconfortanti sulla paternità dei progetti da parte di chi allora era ai posti di comando.

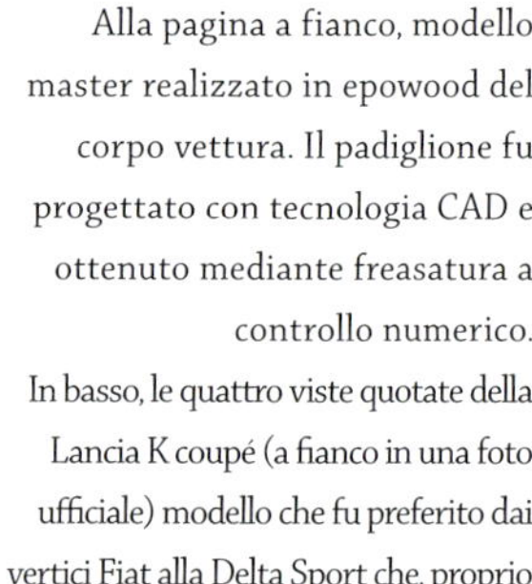

Alla pagina a fianco, modello master realizzato in epowood del corpo vettura. Il padiglione fu progettato con tecnologia CAD e ottenuto mediante freasatura a controllo numerico.
In basso, le quattro viste quotate della Lancia K coupé (a fianco in una foto ufficiale) modello che fu preferito dai vertici Fiat alla Delta Sport che, proprio per tale ragione, restò sulla carta.

On the facing page, the master model of the bodywork in Epowood. The upper body was designed with CAD technology and obtained via numerically controlled milling.
Bottom, the four dimensional drawings of the Lancia K coupé (here in an official photo) model that was preferred by the Fiat management instead of the Delta Sport which consequently remained on paper.

comprehend. This lack of recognition for Lancia's sporting heritage inevitably led to a wealth of technical know-how, accumulated over the previous years through the labours of Vittorio Ghidella, Sergio Limone and the whole of his team, being abandoned. It really was a pity that just 24 examples of such an attractive and effective car as the *Hyena* were produced. It deserved so much more!
In partial justification of the Fiat Group's approach, mention has to be made of the so-called "speculative bubble". In that period a perverse mechanism had been triggered: many enthusiasts were eager to enter into immediate possession of an exclusive car, produced in limited numbers, an "instant classic" as they were known at the time. The price of these cars rose so quickly that those who had ordered an example at the right time could, immediately after delivery, resell it was a price five or even six times higher: this was true of many cars such as, for example, the Ferrari F40 and the Alfa Romeo SZ, which was closely related to our *Hyena* and was also considered to be an instant classic. The "speculative bubble" was then subject to a period of deflation in the early 1990s. The prices of historic cars and collectable modern machinery collapsed suddenly and only began to rise again some years later. Today, these cars are considered to be one of the best investments around, but this trend was interrupted for some years.
The Fiat Group did not see this period as being transitory or pertaining to the economic situation of the moment and this was perhaps its greatest error, quite apart from the perhaps more banal and petty considerations regarding the paternity of the projects and the men who were then in control.

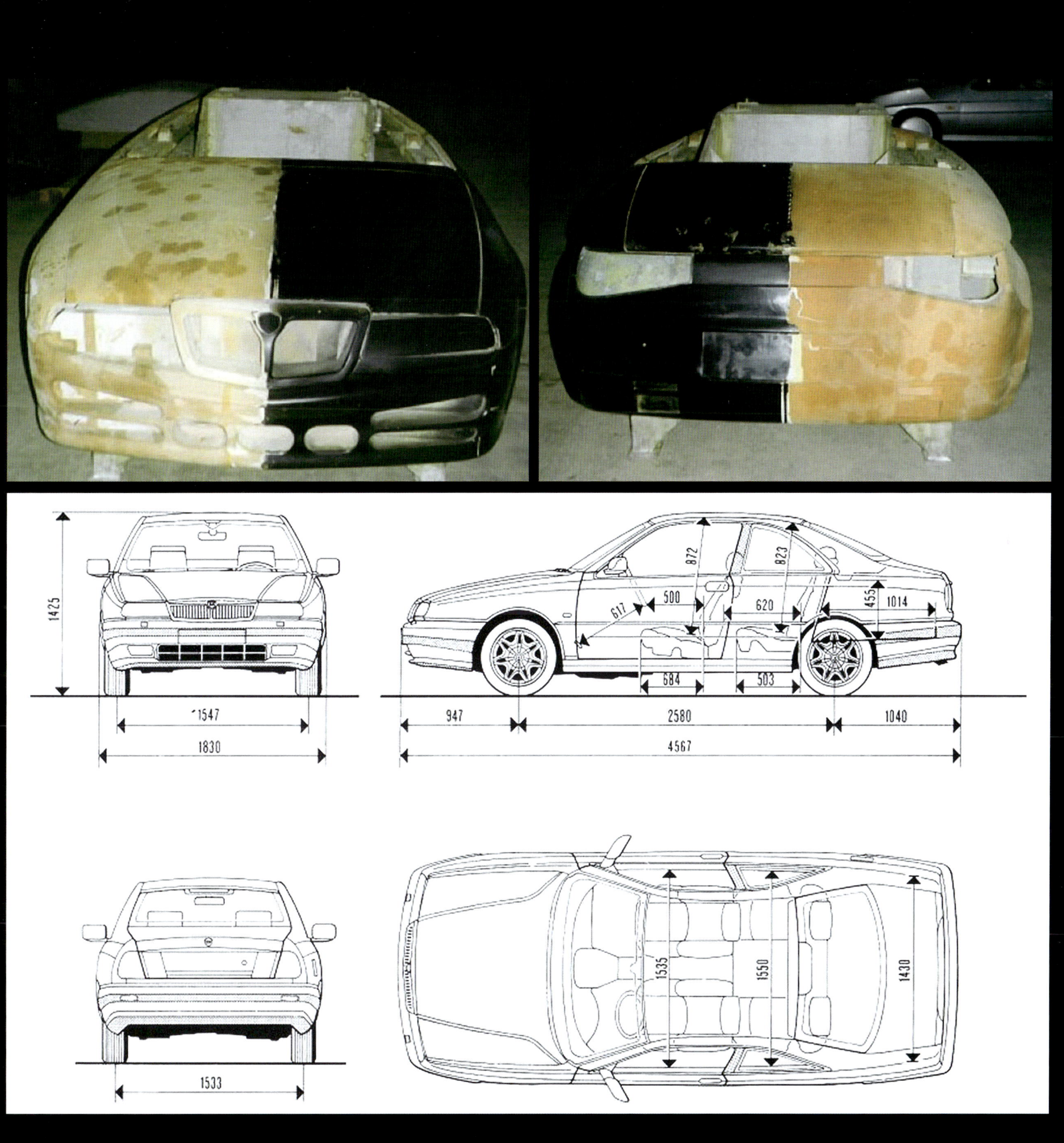
1425
1547
1830
872
823
500
617
620
455
1014
684
503
947
2580
1040
4567
1533
1535
1550
1430

Capitolo 9

Un esemplare sotto la lente: la Hyena n. 20

Il capitolo è dedicato all'auto di chi scrive questo libro, la *Hyena* n. 20.
La storia di questa vettura è piuttosto curiosa, in quanto si può dire che l'auto ha percorso molti più chilometri dentro ai container (facendo letteralmente il giro del mondo) piuttosto che sulle proprie ruote.
La "donor car", ossia la Delta HF che vent'anni or sono, nel 1992, le donò il telaio marciante, era una serie limitata "Verde York", telaio n. ZLA831AB000576661. Gli optional, oltre al colore diverso dalle sei tinte standard, erano l'aria condizionata, l'impianto stereo, l'ABS e il kit di potenziamento a 250 CV.
Il primo proprietario è stato un giapponese, il signor Takashi Watanabe, e volle l'auto di questo colore rosso un po' inusuale, cangiante a seconda della luce, con riflessi tendenti al rosa.
In Giappone ha percorso poche migliaia di chilometri, solo per qualche raro raduno, ed è stata accudita e coccolata finché Watanabe non ha deciso di metterla in vendita. Nel giugno del 2008 un imprenditore canadese della British Columbia, Uli Jaekel, l'ha importata in Canada. L'auto ha quindi attraversato tutto l'oceano Pacifico dentro un container.
In Canada le è toccato lo stesso trattamento che aveva avuto in passato, vale a dire molte attenzioni e pochi raduni. A fine 2011, Uli ha deciso a sua volta di venderla e l'ha offerta al mercato mondiale utilizzando un sito internet specializzato: l'auto in quel momento aveva percorso 8200 km e dalle foto pareva nuova.
La fortuna ha voluto che il sottoscritto conoscesse, per motivi di lavoro, alcune persone canadesi che vivono a pochi

Chapter 9

An example under the microscope: Hyena no. 20

This chapter is devoted to the car belonging to the author, Hyena No. 20.
The story of this car is rather unusual in that it might be said that it has covered many more kilometres in containers (literally going round the world) that on its own four wheels.
The "donor car", that is to say the Delta that back in 1992 provided the rolling chassis, was a limited series "Verde York", chassis number ZLA831AB000576661. As well as the colour different to the six standard shades, the accessories included air conditioning, a stereo system, ABS and a 250 hp tuning kit.
The first Japanese owner, Mr. Takashi Watanabe, wanted his car to be finished in an unusual red that changed according to the light and tended towards pink in certain conditions.
It covered just a few thousand kilometres in Japan, only being used for occasional events, and was thoroughly pampered until Watanabe decided to put it up for sale. In the June of 2008, a Canadian businessman from British Colombia, Uli Jaekel, imported it to Canada. The car therefore traversed the Pacific Ocean in a container.
In Canada it enjoyed the same kind of life as it had in Japan, plenty of pampering and just the occasional classic car event. In late 2011, Uli decided it was time to sell and offered it to the global market via a specialist Internet site: At that time the car had covered just 8200 km and from the photos appeared to be as good as new.
Fortunately, yours truly had a number of business contacts in Canada who lived just a few kilometres from Mr.

Collector
B15-610
HF

chilometri da Mr. Jaekel. Uno di loro si è recato a vedere l'auto, a provarla ed a scattare alcune foto. Quando mi ha telefonato per dirmi che l'auto era perfetta e che il motore e tutto il resto girava benissimo, non ho atteso neanche un minuto e ho chiamato subito per confermare l'acquisto. Pochi giorni dopo il bonifico dell'acconto era fatto... Erano anni che speravo di avere in garage una simile meraviglia, e non me la sono fatta scappare.
Un mese e mezzo dopo la *Hyena*, finalmente mia, era di nuovo in un container, questa volta per attraversare l'oceano Atlantico. A gennaio 2012 l'auto è sbarcata a Genova. La batteria era completamente scarica, dopo una traversata durata quasi due mesi.
Ironia della sorte: la "scintilla" per rimettere in vita la *Hyena* è scattata... da una Lancia Delta Martini 6, alla quale avevo collegato i cavi batteria: la "mia" *Hyena* non avrebbe sicuramente desiderato una "infermiera" migliore!
Pochi giorni dopo la *Hyena* è tornata a casa, a Rho, presso gli stabilimenti della Zagato, ed in questo modo il giro del mondo si è concluso! L'auto importata aveva la striscia "HF" solo sul posteriore ma è stata poi ripristinata anche sul tetto e sul cofano anteriore. All'interno sfoggiava la splendida plancia di comando in carbonio, l'impianto di condizionamento, quello stereo, il contachilometri con il contagiri personalizzati "*Hyena*". Sempre osservando la plancia non passano inosservati gli indicatori per la temperatura dell'acqua, quella dell'olio e del livello del carburante. Osservando bene la luce di cortesia accanto alle gambe del passeggero, in parte ricoperta con il carbonio, si nota un aspetto interessante: l'auto in una prima fase era Verde York, come denunciano alcune tracce di colore. Altro dettaglio, sempre in carbonio, negli allestimenti interni è il battitacco.
I documenti sono ovviamente quelli originali della Delta. L'auto è stata consegnata anche con altri documenti, che completano l'originalità e la provenienza della stessa: ordine di consegna e libretto assistenza, chiavetta antifurto e avvertenze di guida Lancia. Non manca neppure la richiesta di garanzia, poi sostituita da quella della Lusso Service.
La dedica di Paul Koot sul manuale dell'auto: «Attenzione! È una *Hyena* Z, non una Delta!».

Jaekel. One of them went to see the car, test drive it and take some photographs. When he called to say that the car was perfect and that the engine and everything else performed beautifully, I immediately phone to confirm the purchase. A few days later the bank transfer for the deposit had gone through... I had been dreaming of a similar machine in my garage for years and was not about to let this opportunity escape me!
A month and a half later, the *Hyena*, finally mine, was once again in a container, this time crossing the Atlantic Ocean. In January 2012, the car was unloaded in Genoa. The battery was completely flat after a voyage lasting almost two months. Ironically, the "spark" that brought the *Hyena* back to life was provided by a Lancia Delta Martini 6 to which I had attached the jump start cables: my car could hardly have hope for a better "nurse"!
A few days later the *Hyena* was back home at the Zagato works in Rho, thus completing its round-the-world trip... The imported car had the "HF" stripe on the rear only but it was soon restored to the roof and bonnet too. Inside it boasted the magnificent carbonfibre dashboard, air conditioning, stereo and the personalised "Hyena" rev counter and odometer. Looking at the dashboard, the water temperature, oil pressure and fuel level gauges also catch the eye. Carefully observing the courtesy light in the passenger's footwell, partially trimmed in carbonfibre, you can see an interesting detail: initially the car was finished in York Green, as shown by the remaining traces of the colour. Another example of the carbonfibre interior trim is the sill cover.
The documents are of course those of the original Delta. The car was delivered with further documentation that complete the originality and provenance of the same: delivery note and service book, anti-theft key and Lancia driving notes. There was also the guarantee card, subsequently replaced with that of Lusso Service.
Paul Koot's dedication on the Owner's Manual: «Warning! It's a Hyena Z, not a Delta!».

1-2. La *Hyena* in tutto il suo splendore e due delle viste più classiche, tre quarti posteriore e anteriore. Fascino e grinta allo stato puro.
3. Un primo piano dell'inconfondibile fanaleria anteriore della *Hyena*.
4. La presa NACA sul cofano motore.
5. Scritta *Hyena* e particolare della maniglia in un dettaglio stretto della fiancata.
6. Il "cuore" della *Hyena*: il mitico 16v della Lancia Delta Integrale.

1-2. The *Hyena* in all its splendour and two of the most classic views, rear and front thrtee-quarters. Pure appeal and aggressive.
3. A close-up of the unmistakeable Hyena front lighting units.
4. The NACA duct on the bonnet.
5. The *Hyena* badge and the door handle in detail shot of the flank.
6. The "heart" of the *Hyena*: the legenday 16v engine of the Lancia Delta Integrale.

1

2

3
LANCIA
4
6
5
Hyena
LANCIA TURBO 16 VALVE

1
1919 • 1994
Anniversario
2
Hyena
3
ZAGATO
MILANO
LANCIA
HYENA ZAGATO
NR. Z *020*
Hyena
4

1. Il logo celebrativo per il 75° anniversario della Zagato.
2. Anche il poggiatesta è... griffato *Hyena*.
3. La targhetta Zagato indicante il numero di questo esemplare della *Hyena*; nello specifico, il n. 20.
4. L'alloggiamento della ruota di scorta.

1. The celebratory logo for Zagato's 75th anniversary.
2. Even the headrest was *Hyena*-badged.
3. The Zagato plaque indicating the number of this example of the *Hyena*; specifically No. 20.
4. The spare wheel housing.

1. Il cruscotto della *Hyena*: uno spettacolare pezzo unico di carbonio.
2. Particolare dei comandi per la climatizzazione.
3. Tachimetro personalizzato "Hyena" con fondo scala a 280 km/h.
4. Contagiri: la zona rossa inizia a 6.500 giri ma il motore può arrivare agevolmente a 7.000 senza alcun problema.
5. Manometro pressione del turbo: con l'overboost inserito arriva a 1,2 bar.
6. Termometro temperatura olio motore.
7. Maniglia interna per l'apertura della portiera.
8. Comando per il movimento specchietti laterali.

---

1. The *Hyena* dashboard: a spectacular one-piece element in carbonfibre.
2. The climate control system.
3. The customised "*Hyena*" speedometer with a 280 kph scale.
4. Rev-counter: the red line was set at 6500 rpm, but the engine could comfortably reach 7000 rpm.
5. Turbo boost pressure gauge: with overboost engaged the pressure reached 1.2 bar.
6. Oil temperature gauge.
7. Internal door handle.
8. Side mirror adjustment control.

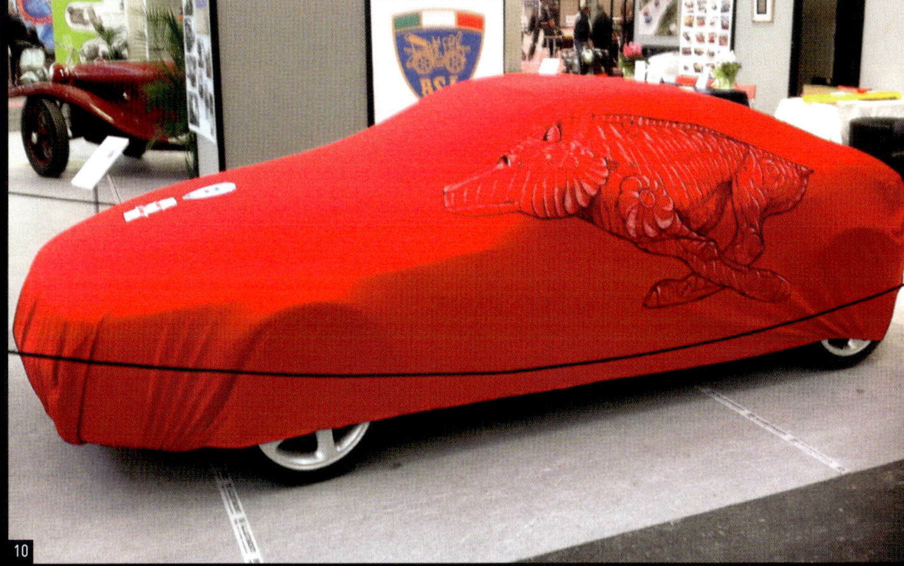

9. La *Hyena*, appena arrivata in Italia dal Canada, riceve la "scintilla vitale" da una splendida Delta Martini 6.
10. Il telo di copertura personalizzato dal pittore Massimo Ricc,i ispirato ai famosi disegni di Nani Tedeschi: il profilo dell'auto coincide con quello della iena in corsa.
11. Il modellino in scala della *Hyena* presentato da Andrea Zagato al Museo dell'Automobile di Torino; la *Hyena* fu la prima auto seguì personalmente dal giovane Zagato.
12. La *Hyena* n.20 esposta al Museo dell'Automobile di Torino in occasione della mostra dedicata al 95° della Zagato.
13. Andrea Zagato (a sinistra) in compagnia dell'autore del libro, entrambi in divisa ufficiale "Zagato" alla Vernasca Silver Flag.

9. The *Hyena*, just arrived in Italy from Canada, receives the "vital spark" from a splendid Delta Martini 6.
10. The personalised cover by the painter Massimo Ricci, inspired by the famous drawings by Nani Tedeschi: the profile of the car coincides with that of the running hyena.
11. The scale model of the Hyena presented by Andrea Zagato to the Museo dell'Automobile in Turin; the *Hyena* was the first car personally supervised by the young Zagato.
12. *Hyena* No. 20 exhibited at the Museo dell'Automobile in Turin on the occasion of the exhibition in honour of Zagato's 95th anniversary.
13. Andrea Zagato (left) in the company of the author of the book, both in official "Zagato" uniform at the Vernasca Silver Flag.

Capitolo 10

Tutte le Hyena del mondo: dalla prima alla ventiquattresima

Osserviamo anche le altre *Hyena* prodotte dal 1992 al 1996, che si è scelto di trattare secondo l'ordine di produzione (che non corrisponde alla successione numerica degli esemplari): al cliente era infatti consentito di scegliere il numero dei suoi desideri, magari individuato per motivi scaramantici o per semplice passione.

IMPORTANTE: i figurini che vengono presentati nella pagine a seguire, appositamente realizzati dalla Zagato stessa per questa pubblicazione e, come tali, del tutto inediti, riproducono il modello nell'esatto colore con cui la vettura fu commercializzata in origine. Le piccole immagini poste a corredo delle schede, tratte dalle fonti più diverse, documentato invece la vettura oggi, come si presenta al momento in cui viene dato alle stampe il volume.

Chapter 10

All the Hyenas around the world: from the first to the twenty-fourth

We have decided to examine the *Hyenas* produced from 1992 to 1996 in order of production (which does not correspond to the numbers assigned to the examples): clients were in fact allowed to choose their favourite or perhaps their lucky number.

IMPORTANT: the renderings presented in the following pages, specifically produced by Zagato for this book and as such previously unpublished, reproduce the model in the exact colour in which the car was originally sold. The small photos accompanying the files, drawn from various sources, instead document the car as it is today, at the moment in which the book went to press.

Lancia *Hyena* Zagato ZLA83AB000 1992-1996

Ordine prod. Prod. order	Colore/Colour Delta	Châssis no.	Colore/Colour Hyena	Zagato no.	Paese primo proprietario Country of first owner	Optional Accessories	Paese attuale Present country	Note/Notes
1	**Rosso Red**	552106	Rosso/Red	0	Olanda/ Netherlands	--	Giappone/ Japan	Prototipo/Prototype
2	**Nero Black**	550969	Nero/Black met.	1	Belgio/Belgium	ABS, plexiglas	Belgio/ Belgium	Ginevra/Geneva Show 1993, Koni test car
3	**Verde Green**	576640	Light blue/ Azzurro	11	Italia/Italy	ABS	Italia/Italy	Ginevra/Geneva Show 1995
4	**Nero Black**	579173	Giallo/Yellow	8	Giappone/Japan	ABS	Germania/ Germany	Ginevra/Geneva Show 1995
5	**Verde Green**	576654	Argento/Silver	21	Germania/ Germany	ABS	Germania/ Germany	270 CV/hp
6	**Verde Green**	579656	Rosso/Red	3	Giappone/Japan	ABS	Giappone/ Japan	Incidentata, riparata in Zagato nel 2001 Total damage, repaired at Zagato 2001
7	**Rosso Red**	579219	Giallo/Yellow	67	Germania/ Germany	ABS	Olanda/ Netherlands	
8	**Nero Black**	579197	Verde/ Green met.	9	Lussemburgo/ Luxembourg	ABS	Olanda/ Netherlands	Colore speciale/Special colour
9	**Rosso Red**	554266	Verde/Green	6	Inghilterra/UK	--	Inghilterra/ UK	
10	**Nero Black**	552416	Giallo/Yellow	14	Olanda/ Netherlands	--	Olanda/ Netherlands	Seriamente incidentata Reported in serious accident
11	**Rosso Red**	554265	Giallo > Nero Yellow > Black	17	Inghilterra/UK > Germania/Germany	ABS	Germania/ Germany	Riverniciata in Zagato all'origine Repainted at Zagato when new
12	**Nero Black**	552454	Rosso > Red Black > Nero	7	Inghilterra/UK > Italia/Italy	ABS, plexiglas	Italia/Italy> UK	Venduta da Bonhams in UK Sold by Bonhams in UK
13	**Rosso Red**	579245	Rosso/Red	5	Giappone/Japan	ABS	Giappone/ Japan	
14	**Nero Black**	552918	Bianco/White	10	Giappone/Japan	ABS	Giappone/ Japan	Il solo esemplare bianco al mondo The only white example in the world
15	**Verde Green**	576658	Rosso/Red	16	Germania/Germany > Inghilterra/UK	ABS	Inghilterra/ UK	
16	**Verde Green**	576660	Rosso/Red	18	Inghilterra/UK	ABS	Inghilterra/ UK	
17	**Rosso Red**	557235	Argento/ Silver met.	4	Francia/France	ABS, plexiglas	Francia/ France	
18	**Rosso Red**	579359	Giallo/Yellow	12	Giappone/Japan	ABS	Giappone/ Japan	
19	**Nero Black**	579320	Verde/Green	15	Germania/ Germany > ?	ABS	Germania/ Germany	
20	**Verde York York green**	576661	Rosso cangiante/ Lustre Red	20	Giappone/Japan > Canada	ABS	Italy	300 CV/hp, colore speciale/special colour
21	**Giallo Yellow**	583724	Verde chiaro/ Light green	22	Germania/ Germany	ABS/Kat	Germania/ Germany	Colore speciale/Special colour
22	**Rosso Red**	585019	Rosso/Red met.	19	Italia/Italy	ABS/Kat	Italia/Italy	Colore speciale/Special colour
23	**Rosso Red**	585011	Argento/ Silver met.	23	Svizzera/ Switzerland	ABS/Kat	Svizzera Switzerland	oltre 300 CV/over 300 hp, modificata per club racing/converted for club racing
24	**Blu Madras Madras Blue**	585157	Madras Blue	24	Olanda/ Netherlands	ABS/Kat	Olanda/ Netherlands	300 CV/hp

N° 0

La prima Hyena

È ovviamente la n. 0, colore Rosso Monza, ed è quella usata per le presentazioni ufficiali e per il dépliant, che si è vista in fase di costruzione nei capitoli precedenti. La Delta di base recava il numero di telaio 552106 ed era rossa. Si differenzia da tutte le altre *Hyena* per le otto feritoie ovali sul paraurti anteriore anziché dieci. I cerchi ruota sono ancora quelli "sperimentali" a sette razze e non a cinque; non ha lo specchietto retrovisore destro. I sedili sono Recaro, senza la scritta "Hyena". Non ha l'ABS e l'unico "optional" è costituito dal potenziamento del motore a 250 CV. La vettura fu venduta inizialmente in Olanda ma oggi risulta essere nel garage di un appassionato in Giappone.

N° 0

The 1st Hyena

This is of course no. 0, finished in Monza Red. This example, which we saw under construction in the previous chapters, was used for the official presentations and for the brochure. The donor Delta carried chassis No. 552106 and was red. This example differs with respect to the other *Hyenas* for the eight rather than ten oval slots in the front bumper. The wheels are still the "experimental" seven-spoke rather than five-spoke components and there is no right-hand rear-view mirror. The Recaro seats lack the "Hyena" script. ABS is not fitted and the only optional extra is the 250 hp engine tuning kit. The car was first sold in Holland, but apparently now belongs to an enthusiast in Japan.

N° 1

Seconda Hyena

Di colore Nero, nasce sulla base della Delta nera châssis n. 550969. Gli "optional" sono costituiti dall'ABS e dal potenziamento a 250 CV del propulsore. È stata venduta in Belgio dove si trova tuttora presso un amico di Paul Koot. Quest'auto ha partecipato alla manifestazione "Spaitalia", organizzata sul circuito di Spa in Belgio nel 2012, insieme ad altre due *Hyena*. In occasione di questo evento si è avuta la possibilità di confrontare da vicino uno dei primissimi modelli costruiti, appunto la n. 1, con uno degli ultimi, la n. 20. Da questo "parallelo" emergono alcune differenze: le scritte "Hyena" sono inclinate in maniera differente, i montanti laterali sono rifiniti diversamente come se sulla n. 1 ci fosse un portellone apribile posteriore; anche gli interni sono differenti: sulla n. 1 sono presenti comode tasche portaoggetti, della stessa pelle dei sedili grigio chiari, mentre sulla n. 20 queste non figurano. Sulla *Hyena* n. 20 c'è poi una copertura in pelle alla ruota di scorta, assente sulla n. 1. Sempre sulla n. 1 i sedili risultano un po' anonimi e prelevati direttamente dalla Delta d'origine. Infine va detto che la *Hyena* n. 1 fu esposta al Salone dell'Auto di Ginevra del 1993 e che fu la "test car" utilizzata dalla Koni per studiare la taratura degli ammortizzatori regolabili (non a caso sul retro riporta la scritta "Koni equipped").

Hyena

N° 11

Terza Hyena

La terza auto prodotta fu venduta in Italia dove si trova ancora oggi. Il cliente scelse il n. 11. Si tratta dell'unica al mondo di colore "Azzurro Lido di Venezia" e nasce sulla base della Delta Verde York con telaio 576640. Questa *Hyena* fu esposta al Salone dell'Auto di Ginevra del 1995. Alla nascita, oltre al motore potenziato a 250 CV e all'ABS, disponeva anche dei finestrini in plexiglas poi sostituiti con quelli normali in vetro. I sedili sono in pelle nera. Quest'auto fu utilizzata per un servizio fotografico sulla rivista olandese "AutoDesign" nel settembre 1993.

N° 11

3rd Hyena **produced**

The third car produced was sold in Italy where it is still to be found today. The client chose no. 11. This is the only example to be finished in “Lido di Venezia Blue” and was built on the basis of the Delta Verde York chassis no. 576640. This *Hyena* was exhibited at the Geneva Motor Show in 1995. Originally, along with the optional ABS and 250 hp engine tuning kit, it was fitted with Plexiglas windows, later replaced with normal glass. The seats are in black leather; this car was featured in the Dutch magazine *AutoDesign* in 1993.

N° 8

Quarta Hyena

Per quest'auto il cliente giapponese scelse il n. 8 (è noto che in quei paesi è un numero portafortuna). La Delta originaria era di colore nero e aveva il telaio 579173. Il colore della *Hyena* invece è il giallo con interni neri, ABS; questa vettura si trova oggi in Germania. Anche quest'auto fu esposta al Salone di Ginevra 1995, assieme a quella azzurra e ad un'altra rossa.

N° 8

4th Hyena produced

For this car the Japanese client chose the number 8 (a well-known lucky number in Japan). The original Delta was black and had chassis no. 579173. The *Hyena* is instead finished in yellow with black interior trim, is fitted with ABS; this car is currently to be found in Germany. This example was also exhibited at the Geneva Motor Show in 1995, together with the blue car and another finished in red.

N° 21

Quinta Hyena

Il proprietario di quest'auto era un tedesco e scelse il numero 21. L'auto si trova tuttora in Germania e deriva dalla Delta con il telaio n. 576654 che in origine era verde. Questa *Hyena* invece è di colore grigio metallizzato, ha l'ABS e il motore è elaborato con una potenza ulteriormente accresciuta sino a 270 CV. Il proprietario ha preferito conservare i cerchi della Delta di partenza.

N° 21

5th Hyena produced

The owner of this car was a German who chose number 21. The car is still in Germany and is based on a green Delta with chassis number 576654. This *Hyena* is instead finished in metallic grey, is fitted with ABS and boasts an engine further uprated to 270 hp. The owner has preferred to retain the wheels of the original Delta.

N° 3

Sesta Hyena

Il proprietario giapponese di quest'auto ha scelto il n. 3. La Delta "donor car" era di colore verde, telaio n. 579656; la vettura è tuttora rossa. Nel 2001 quest'auto ha subìto un brutto incidente ed è stata rispedita alla Zagato per le necessarie riparazioni.

N° 3

6th Hyena produced

The Japanese owner of this car chose number 3. The donor car chassis no. 579656 was originally green, while the *Hyena* is red. In 2001, this car was involved in a serious accident and was sent back to Zagato for the necessary repairs.

N° 67

Settima Hyena

La Delta di partenza era di colore rosso, telaio n. 579219 e fu richiesta dal proprietario tedesco gialla. La cosa curiosa è che lo stesso ha optato per il numero 67, particolarità degna di nota se si considera che sono state prodotti solo 24 esemplari (in compenso non esiste quella con la targhetta n. 2, che non è mai stata realizzata). Curiosa anche la targa che ha la "ZA" di ZAGATO ed il numero "67"! Oggi l'auto non è più in Germania ma è stata venduta a un appassionato olandese e sembra che sia ancora in questo Paese.

N° 67

7th Hyena produced

The original Delta was finished in red and carried chassis no. 579219. The German owner asked for it to be painted yellow. What was curious was that the owner opted for number 67 despite the fact that only 24 cars were actually produced (then again, Hyena # 2 does not exist as the number was never assigned). Todat this car is no longer it was sold to a collector in the Netherlands and is still in the country.

N° 9

Ottava Hyena

Deriva dalla Delta nera, telaio n. 579197, fu richiesta con un colore speciale, il Verde Metallizzato, dal proprietario lussemburghese. Il numero scelto fu il 9 e, come "optional", aveva l'ABS e il già menzionato potenziamento a 250 CV del propulsore. I cerchi sono rimasti quelli "Speedline" della Delta d'origine. Oggi risulta non essere più in Lussemburgo ma pare sia stata venduta in Olanda dove dovrebbe ancora trovarsi.

N° 9

8th Hyena produced

Based on the black Delta chassis number 579197 and ordered with a special metallic green paint finish by the Luxembourger owner. The number chosen was no. 9 and the car was supplied with the optional ABS and 250 hp engine tuning kit. The donor car's original Speedline wheels were retained. It was fitted with ABS as an optional extra. It is no longer in Luxemburg and was apparently sold to a collector in the Netherlands and is still in the country.

N° 6

Nona Hyena

La Delta rossa, telaio n. 554266, fu la base per la *Hyena* Verde Zagato venduta ad un appassionato inglese. La targhetta riporta il n. 6. Quest'auto è nata senza ABS ma con molta probabilità è stato poi aggiunto. A quanto risulta dovrebbe ancora trovarsi nel Regno Unito.

N° 6

9th Hyena produced

The red Delta chassis number 554266 was the basis for the Zagato Green Hyena sold to a British enthusiast who chose the number 6 for his car. This example was not originally fitted with ABS, but in all probability the system was retrofitted. The car is apparently still in the United Kingdom.

N° 14

Decima Hyena

Quest'auto deriva dalla Delta nera, telaio 552416, ed è stata richiesta di colore giallo dal proprietario olandese che scelse il n. 14. Anche questa, in origine, non era provvista di ABS. Sembra che quest'auto sia ancora in Olanda ma che abbia subìto un incidente piuttosto grave, forse proprio perché priva di ABS; non è dato sapere se sia stata poi riparata e rimessa in strada.

N° 14

10th Hyena produced

This car was based on a black donor Delta with chassis number 552416 and was ordered in yellow by its Dutch owner who chose the number 14. This was another example not originally fitted with ABS. It would appear that the car is still in the Netherlands, but it was involved in a fairly serious crash, perhaps due to that lack of ABS, we do not know whether it has been repaired and is back on the road.

N° 17

Undicesima Hyena

Fu realizzata partendo dalla Delta rossa, telaio n. 554265. Il colore originale di questa *Hyena* era giallo ma il proprietario inglese scelse di farla ridipingere in nero dalla Zagato stessa. Non era evidentemente superstizioso dato che ha scelto anche il n. 17. Dall'Inghilterra quest'auto ci risulta sia stata poi venduta in Germania.

Hyena
ZAGATO
milano

N° 7

Dodicesima Hyena

La Delta di origine era nera, telaio 552454. Inizialmente questa *Hyena*, targhetta n. 7, era rossa e fu acquistata da un collezionista londinese tramite il distributore ufficiale Lancia per la Gran Bretagna, la Walkers Garage. Aveva i vetri laterali in plexiglas e il motore standard da 210 CV. Prima della consegna, la Walkers ha sottoposto l'auto ad alcune modifiche: il motore è stato portato a 300 CV con la sostituzione delle teste dei cilindri, degli alberi a camme e della marmitta; inoltre è stato sostituito il serbatoio standard da 57 litri con uno da 90 litri, in modo da consentire almeno 700 chilometri di autonomia. Nel 2004 l'auto è stata poi messa in vendita (lotto n. 414) dalla famosa Casa d'aste londinese Bonhams; se l'è aggiudicata un noto collezionista italiano, il 2 ottobre 2004. Il nuovo proprietario l'ha sottoposta ad altre modifiche facendola diventare nera e sostituendo anche il plexiglas con vetri normali, insonorizzando (e quindi isolando) il vano motore, ottimizzando l'impianto di condizionamento e aggiungendo un divanetto posteriore e trasformando di fatto l'auto in una quattro posti, in modo da poter trasportare anche due bambini. Nel 2010 questa *Hyena* è stata nuovamente messa all'asta da Bonhams e sembra sia tornata nel Regno Unito per la felicità di un collezionista inglese.

Based on a black Delta with chassis number 552454. Initially this *Hyena*, which was given the number 7, was finished in red and was acquired by a London-based collector through the official Lancia dealer for Great Britain, Walkers Garage. It had Plexiglas side windows and the standard 210 hp engine. Prior to delivery, Walkers Garage made a number of modifications to the car: The engine was uprated to 300 hp with the replacement of the cylinder heads, the camshafts and the exhaust. The standard 57-litre fuel tank was replaced with one holding 90 litre so as to offer a range of at least 700 km. In 2004 the car was sold at auction (lot no. 414) by Bonhams of London; it was acquired by a well-known Italian collector on the 2nd of October 2004. The new owner made a number of further modifications, having it resprayed black and replacing the Plexiglas with normal glass, sound-proofing and insulating the engine bay, optimising the air conditioning system and adding a rear bench seat, transforming the car from a strict two-seater to a 2+2 so as to be able to transport two children. In 2010, this car was again auctioned by Bonhams and apparently returned to the United Kingdom, making an English collector a happy man.

N° 5

Tredicesima Hyena

Di questa *Hyena* si sa davvero poco: è stata realizzata partendo dalla Delta rossa, telaio n. 579245, è di colore rosso e dovrebbe essere ancora in Giappone fin dal suo nascere. Il proprietario giapponese scelse per lei la targhetta n. 5. Gli optional erano l'ABS e il motore potenziato a 250 CV. Da quanto risulta dalle foto ha il cofano modificato con una presa d'aria molto più ampia rispetto alla presa NACA standard e con ganci tipo competizione.

N° 5

13th Hyena produced

Very little is known about this *Hyena*. It was based on a red Delta with chassis number 579245. The *Hyena* was also finished in red and is apparently still in Japan. Its Japanese owner chose number 5. It was fitted with the optional ABS and the 250 hp engine tuning kit. As far as we can tell from the photos, the car has a modified bonnet with a much larger air intake than the standard NACA duct and competition-style bonnet pins.

N° 10

Quattordicesima Hyena

Anche questa *Hyena* fu venduta in Giappone, terra di grandi appassionati Lancia e soprattutto di Integrale: la Delta "madre" era nera, telaio n. 552918. È l'unica al mondo di colore bianco e reca la targhetta n. 10. Unico optional: l'ABS.

N° 10

14th Hyena produced

This *Hyena* was also sold in Japan, a nation of Lancia enthusiasts, especially for the Integrale: the donor Delta had been finished in black and carried chassis number 552918. The *Hyena* is the only example in the world finished in white and its original owner chose the number 10. Only optional extra: ABS.

N° 16

Quindicesima Hyena

La Delta d'origine era di colore verde, telaio n. 576658. La *Hyena* invece fu realizzata di colore rosso, con targhetta n. 16, e venduta in Germania; pare che alcuni anni fa quest'auto sia stata ceduta ad un collezionista inglese e che tuttora si trovi nel Regno Unito.

N° 16

15th Hyena produced

The original Delta, chassis number 576658, was green. The *Hyena* was instead finished in red and given number 16. It was originally sold to a German enthusiast but was apparently bought by an English collector some years ago and is now to be found in the United Kingdom.

N° 18

Sedicesima Hyena

Praticamente gemella dell'auto precedente, anche questa è nata sulla base di una Delta di colore verde, telaio n. 576660, anch'essa di colore rosso ma con la targhetta n. 18. Unica differenza: da quando è stata prodotta è sempre stata in Inghilterra e da lì sembra non si sia mai spostata. Interessante notare la targa, davvero originale! In Inghilterra, infatti, si può scegliere la targa che si desidera e l'appassionato ha optato per una combinazione di numeri e lettere (LAN 61 A) che, messi in sequenza, compongono il nome Lancia. Davvero originale!

N° 18

16th Hyena **produced**

Practically a twin of the previous car, this example was also based on a green Delta, chassis number 576660. It was finished in red and allocated number 18. The only difference is that it has been in the United Kingdom ever since it was produced. The number plate is truly original! In the United Kingdom car owner can choose a personalised number plate this enthusiast has opted for a combination of letters and numbers (LAN 61 A) w that can be read as the name Lancia. Very clever!

N° 4

Diciassettesima Hyena

Si tratta della sola *Hyena* venduta in Francia e dovrebbe tuttora trovarsi in questo Paese. La Delta era di colore rosso, telaio n. 557235. Il colore dell'auto è il grigio metallizzato e, come optional, ha i vetri in plexiglas ed il potenziamento del motore a 250 CV. Il proprietario francese scelse il n. 4.

N° 4

17th Hyena produced

This was the only *Hyena* to be sold in France and apparently is still to be found in the country. The original Delta was red and had chassis number 557235. The *Hyena* was finished in metallic grey and was fitted with the optional Plexiglas side windows and the 250 hp engine tuning kit. The French owner chose number 4.

N° 12

Diciottesima Hyena

Anche quest'auto fu venduta in Giappone dove dovrebbe ancora trovarsi. La Delta di base era rossa e recava il telaio n. 579359. La *Hyena* fu invece prodotta gialla, colore molto apprezzato in Giappone. Anche questa aveva l'ABS e il motore potenziato. Il cliente scelse il n. 12.

N° 12

18th Hyena produced

This was another example sold in Japan and as far as we know is still in the country. The donor car was red and carried chassis number 579359. The *Hyena* was instead finished in yellow, a very popular colour in Japan. This example was fitted with ABS and the engine tuning kit. The owner chose the number 12.

N° 15

Diciannovesima Hyena

Si tratta di una delle poche *Hyena* di colore Verde e deriva dalla Delta nera, telaio n. 579320. È stata venduta in Germania e il proprietario ha scelto il n. 15. Tuttora risulta essere ancora in Germania ma è recentemente stata messa in vendita.

N° 15

19th Hyena produced

This was one of the few Hyenas finished in green and was based on a black Delta with chassis No. 579320. It was sold in Germany and the owner chose No. 15. It is apparently still in Germany but was recently put up for sale.

N° 20

Ventesima Hyena

È quella di proprietà dell'autore del libro ed è la prima in cui coincidono l'ordine di produzione con il numero della targhetta che infatti è il n. 20. La Delta di base era Verde York, telaio n. 576661. La Hyena era in origine color grigio metallizzato poi subito modificato dal primo proprietario che la fece ridipingere nel rosso cangiante con l'aggiunta della striscia "HF" gialla e blu. Anche il motore, già potenziato a 250 CV, è stato ulteriormente portato fino a 300 CV con l'adozione di collettori in acciaio, della valvola Pop-Off e di altri accorgimenti.

N° 20

20th Hyena produced

This the example belonging to the author of this book and is the first in which the order of production coincides with the number assigned to the car, 20. The donor Delta was York Green and had chassis number 576661. The *Hyena* was originally finished in metallic grey but was immediately resprayed by the original owner in an iridescent red with the "HF" stripes in yellow and blue. The engine, already fitted with the 250 hp tuning kit, was further uprated to 300 hp with the adoption of steel manifolds, a pop-off valve and other details.

N° 22

Ventunesima Hyena

La Delta di base era gialla, telaio n. 583724. Il colore scelto dal cliente tedesco era piuttosto insolito, un verde molto chiaro, detto "Light Green"; la targhetta riporta il n. 22. Anche quest'auto aveva l'ABS ed era la prima dotata già in partenza di catalizzatore. Venduta in Germania, dovrebbe tuttora trovarsi in questo Paese.

N° 22

21st Hyena produced

The base Delta was yellow and carried chassis number 583724. The colour chosen by the German client was a rather unusual light green; he also chose the number 22. This car too was fitted with ABS and was the first to be fitted from the outset with a catalyser. Sold in Germany, apparently it is still to be found in the country.

N° 19

Ventiduesima Hyena

La Delta di base era rossa e riportava il telaio n. 585019. Fu venduta in Italia e il proprietario scelse un colore fuori listino, il rosso metallizzato, con la striscia HF ma con l'adesivo HZ, dove la "Z" sta a ricordare che è una Zagato! Anche questa è dotata di ABS e di catalizzatore; il motore è potenziato a 250 CV. L'auto si trova tuttora in Italia, nella collezione di un grande appassionato, con il n. 19.

N° 19

22nd Hyena produced

The base Delta was red and carried chassis number 585019. It was sold to an Italian collector who chose a non-standard metallic red with the HF stripes in which the "F" was replaced with a "Z" that referenced the Zagato name. This example was also fitted with ABS and a catalyser, while the engine was fitted with the 250 hp tuning kit. The car is still to be found in Italy, in the collection of a great enthusiast, and carries the number 19.

N° 23

Ventitreesima Hyena

Anche in quest'auto coincidono il numero di produzione e la targhetta n. 23. La Delta di base era rossa, telaio n. 585011. Il colore è grigio metallizzato. Catalizzata e con ABS, fu venduta in Svizzera con un motore modificato a circa 300 CV e con la cosiddetta modifica "Club Racing". L'auto ci risulta trovarsi tuttora in Svizzera.

N° 23

23rd Hyena **produced**

In this case too, the order of production coincides with the number chosen: 23. The donor car was red and carried chassis number 585011, while the *Hyena* is metallic grey. Catalysed and fitted with ABS, the car was sold in Switzerland with an engine uprated to around 300 hp and the so-called Club Racing kit. The car is apparently still to be found in Switzerland.

N° 9

Ventiquattresima Hyena

Si tratta della vettura dell'olandese Paul Koot, l'ultima *Hyena* prodotta. Anche in questa vettura coincidono il numero di produzione e la targhetta, che reca il n. 24. Deriva dalla Delta Blu Madras, telaio n. 585157, e anche la *Hyena* ha mantenuto lo stesso colore. Anche questa è catalizzata, dotata di ABS e con la potenza del motore portata a circa 300 CV. È l'unica *Hyena* con un doppio scarico centrale e questa è una modifica voluta da Paul per rendere il posteriore dell'auto ancor più grintoso.

N° 9

24th Hyena produced

This is the car belonging to the Dutchman Paul Koot himself and was the last *Hyena* to be built. In this case too, the production order coincides with the number assigned to the car: 24. It was based on the Madras Blue Delta with chassis number 585157 and the *Hyena* was finished in the same colour. This example is catalysed, equipped with ABS and fitted with an uprated engine producing around 300 hp. This is the only *Hyena* with twin central tail pipes, a modification requested by Paul to make the rear end more aggressive.

Capitolo 11

La distinta di progetto: tavole ed elenchi dei pezzi di ricambio

In questo capitolo si è voluto riprodurre integralmente un documento di particolare rilievo, prezioso e indispensabile per qualsiasi appassionato o collezionista. Si tratta della Distinta di progetto, su carta intestata della Zagato, che riporta l'elenco completo di tutte le parti di carrozzeria e telaio della *Hyena*. Mai come in questo caso, le immagini parlano da sole .

Chapter 11

Design brief: table and spare parts lists

In this chapter we have decided to reproduce a particularly significant document that is indispensable for all enthusiasts and collectors. This is the Design brief on Zagato headed paper that details the complete list of *Hyena* bodywork and chassis components. In this case, the images really do speak for themselves.

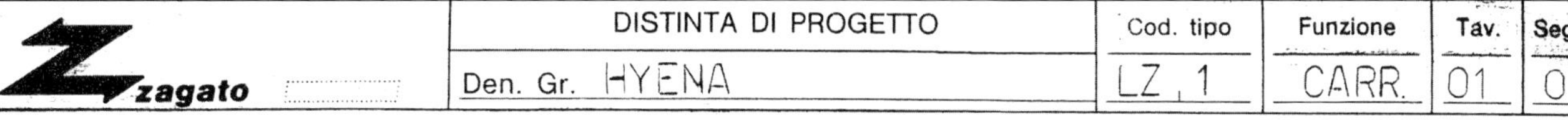

zagato	DISTINTA DI PROGETTO	Cod. tipo	Funzione	Tav.	Segu
	Den. Gr. HYENA	LZ.1	CARR.	01	0

zagato	DISTINTA DI PROGETTO	Cod. tipo	Funzione	Tav.	Segue
	Den. Gr. HYENA	LZ.1	CARR.	02	0

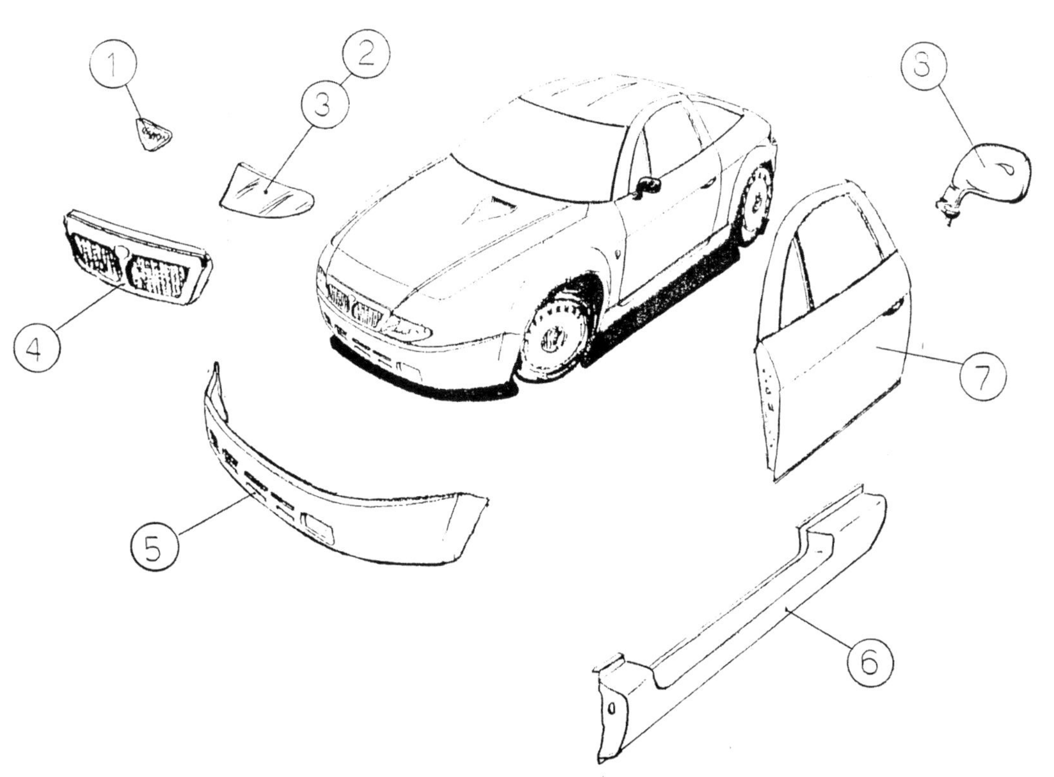

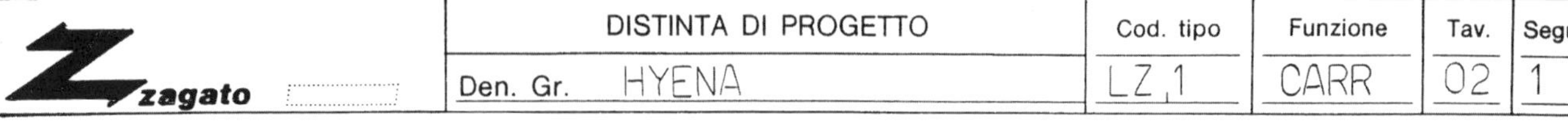

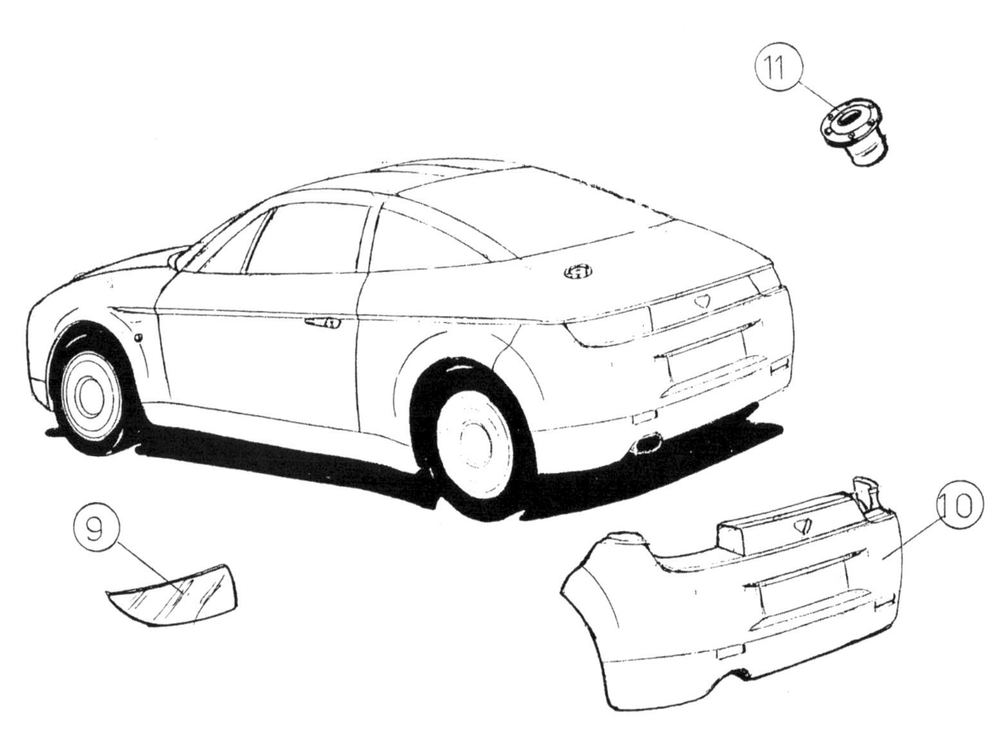

zagato

DISTINTA DI PROGETTO	Cod. tipo	Funzione	Tav.	Segue
Den. Gr. HYENA	LZ 1	CARR	03	0

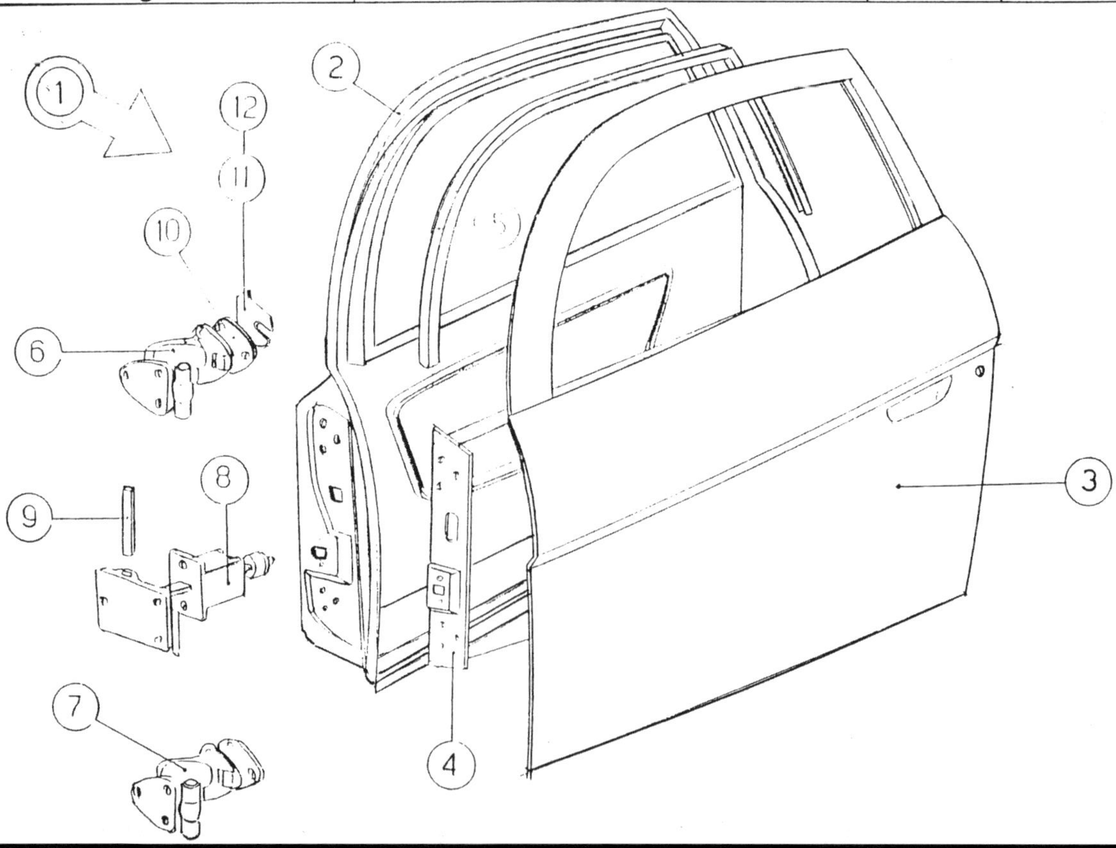

1 2 12 11 10 6 9 8 7 4 3

zagato	DISTINTA DI PROGETTO	Cod. tipo	Funzione	Tav.	Seg
	Den. Gr. HYENA	LZ.1	CARR.	04	0

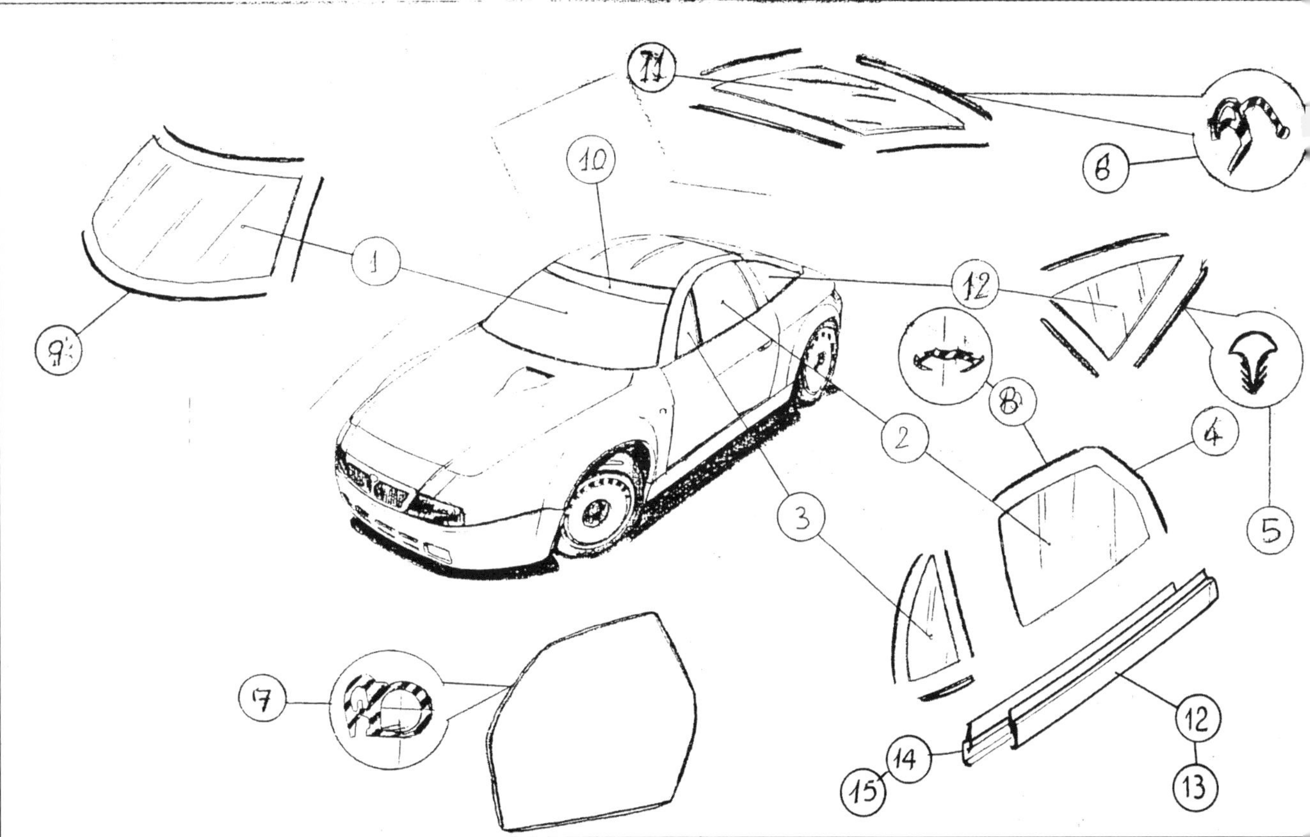

11
10
8
1
12
9
2
3
4
5
7
12
13
14
15

zagato	DISTINTA DI PROGETTO	Cod. tipo	Funzione	Tav.	Segu
	Den. Gr. HYENA	LZ.1	CARR.	05	0

1
2
3
4
5
6
7
8
9

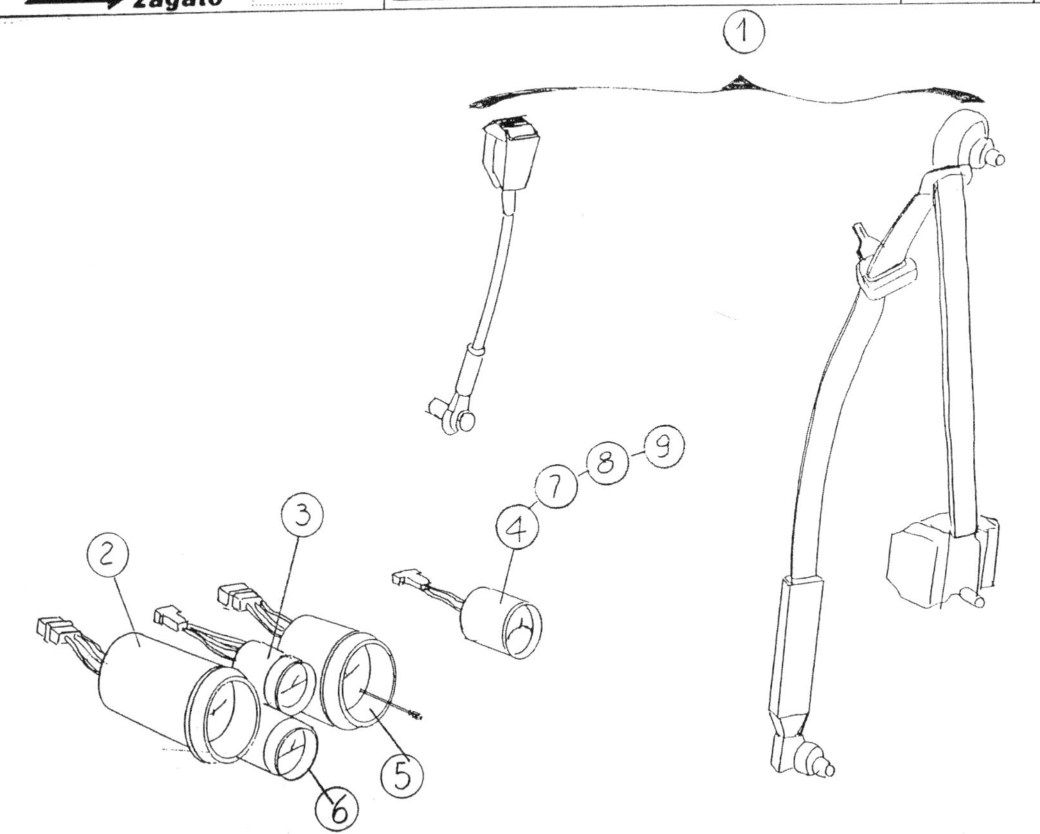

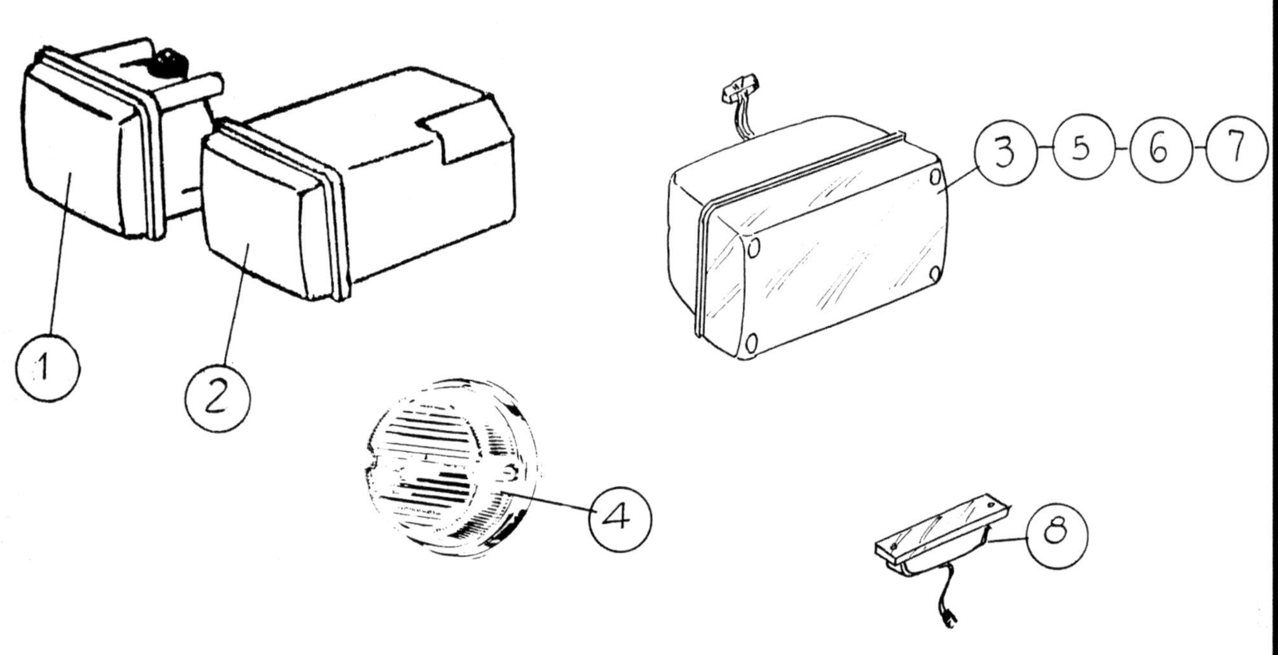

zagato

DISTINTA DI PROGETTO	Cod. tipo	Funzione	Tav.	Segue
Den. Gr.			8	

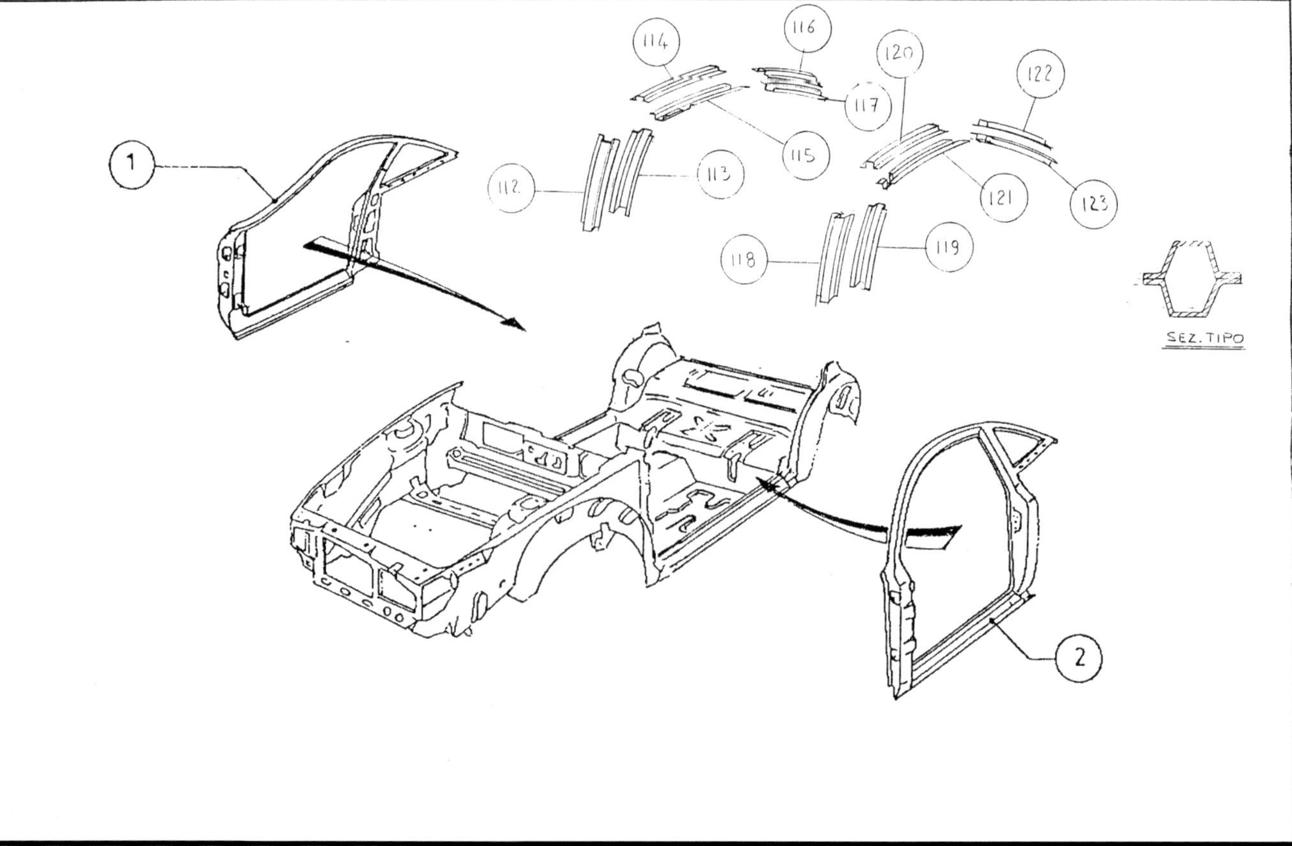

1
114
116
120
122
117
115
112
113
121
123
118
119
SEZ. TIPO
2

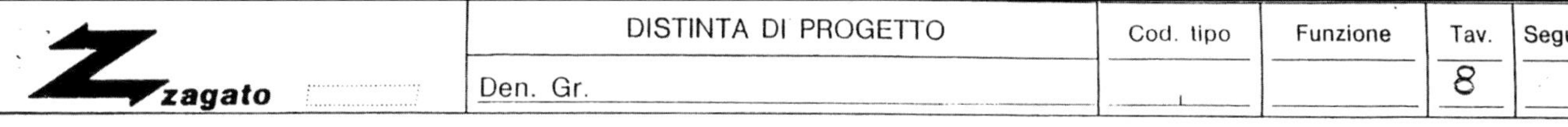

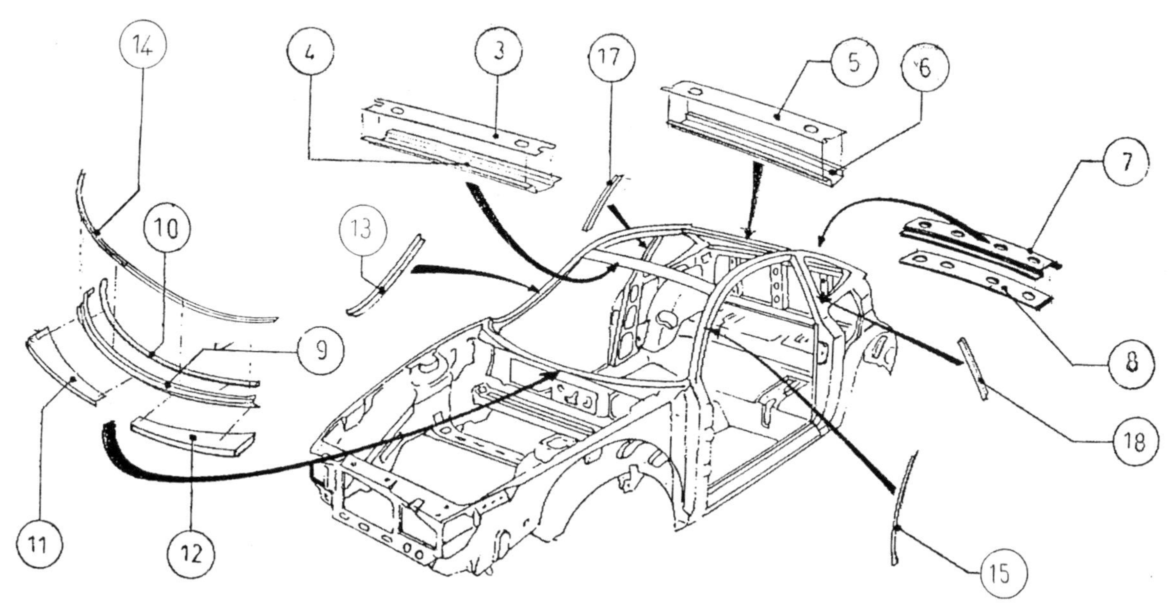

zagato

DISTINTA DI PROGETTO	Cod. tipo	Funzione	Tav.	Segu
Den. Gr.			8	

30 28 33 19 21 34 23 24 25 29 31 32 27 26 20 25 22

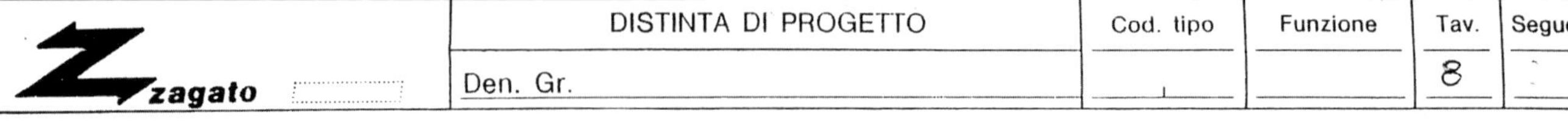

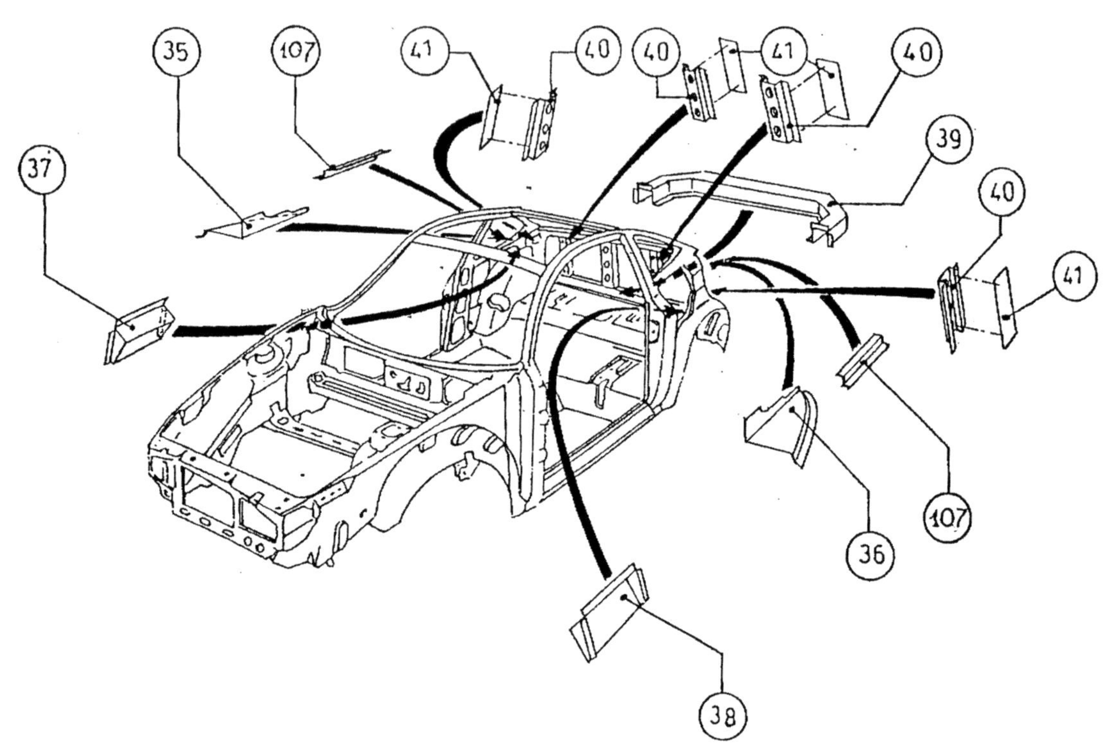

zagato

DISTINTA DI PROGETTO	Cod. tipo	Funzione	Tav.	Segue
Den. Gr.			8	

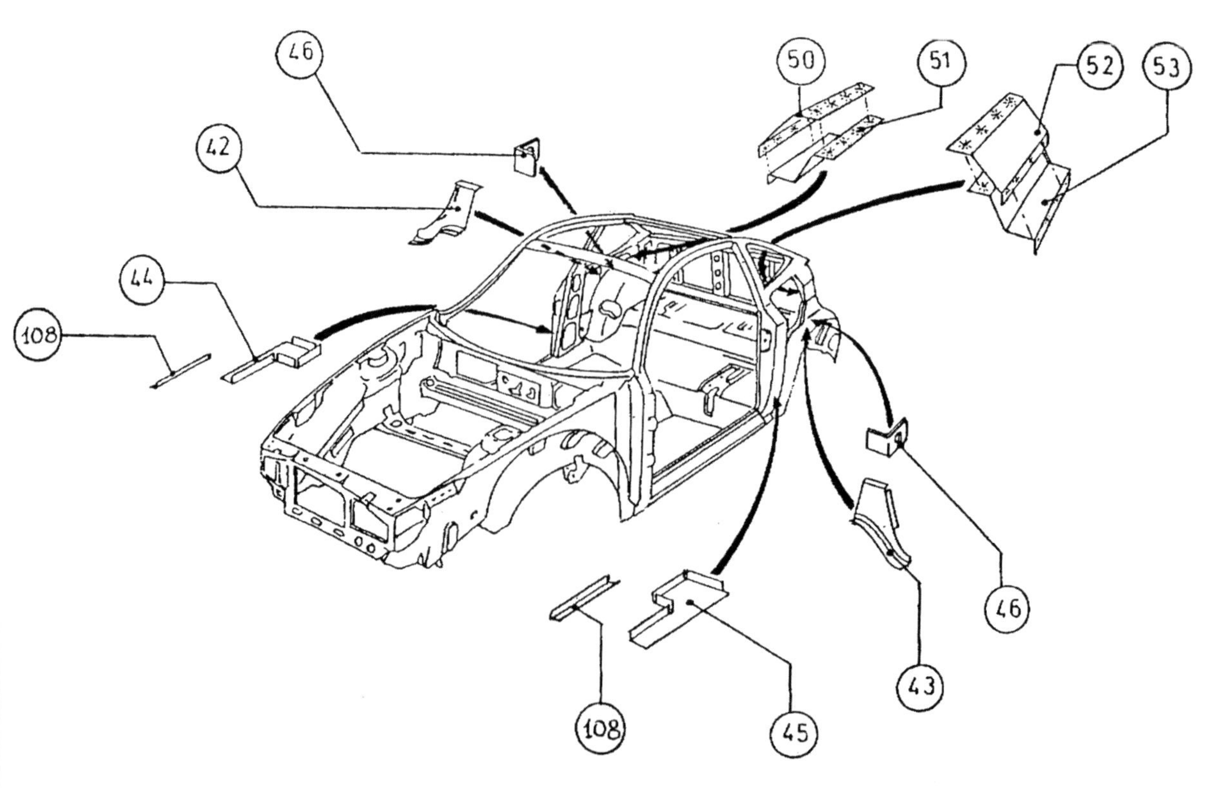

zagato	DISTINTA DI PROGETTO	Cod. tipo	Funzione	Tav.	Segue
	Den. Gr.			8	

zagato	DISTINTA DI PROGETTO	Cod. tipo	Funzione	Tav.	Segue
	Den. Gr.			8	

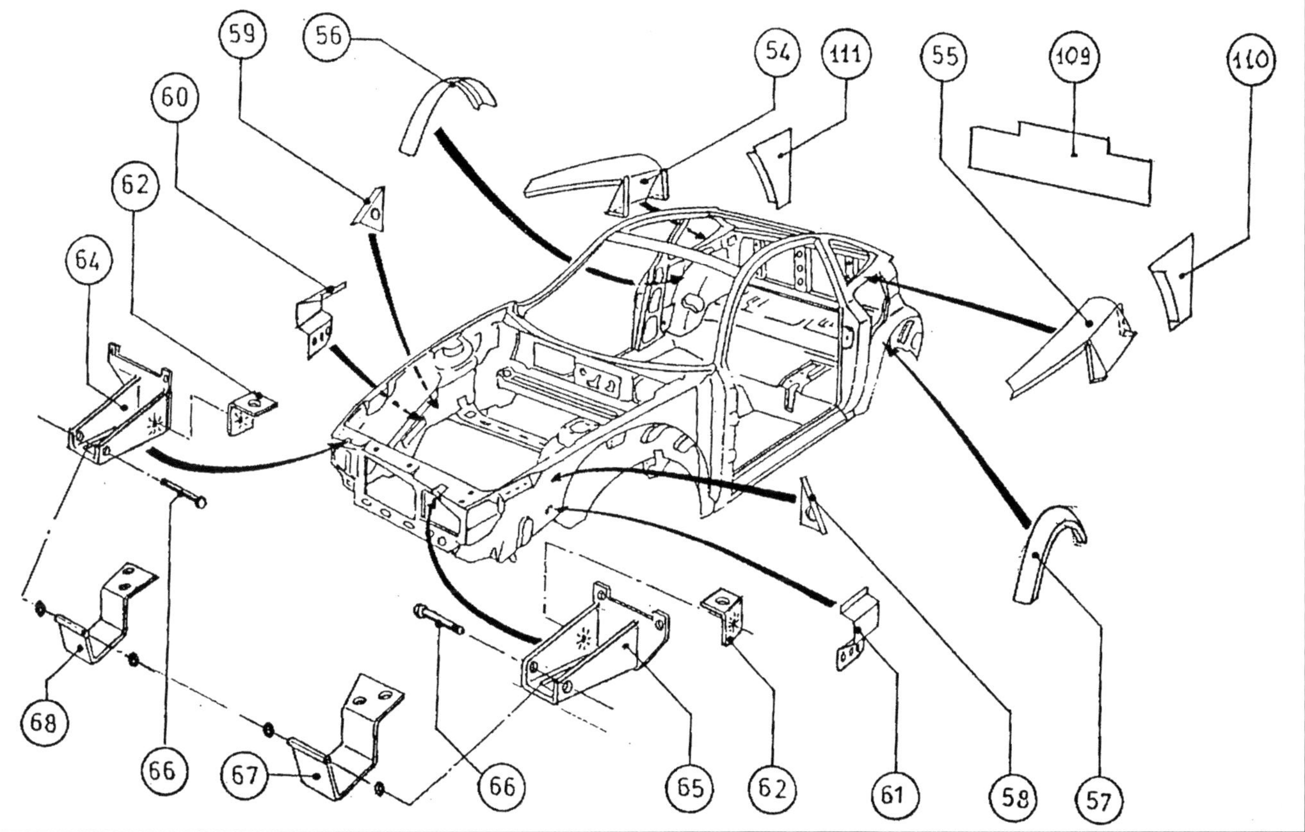

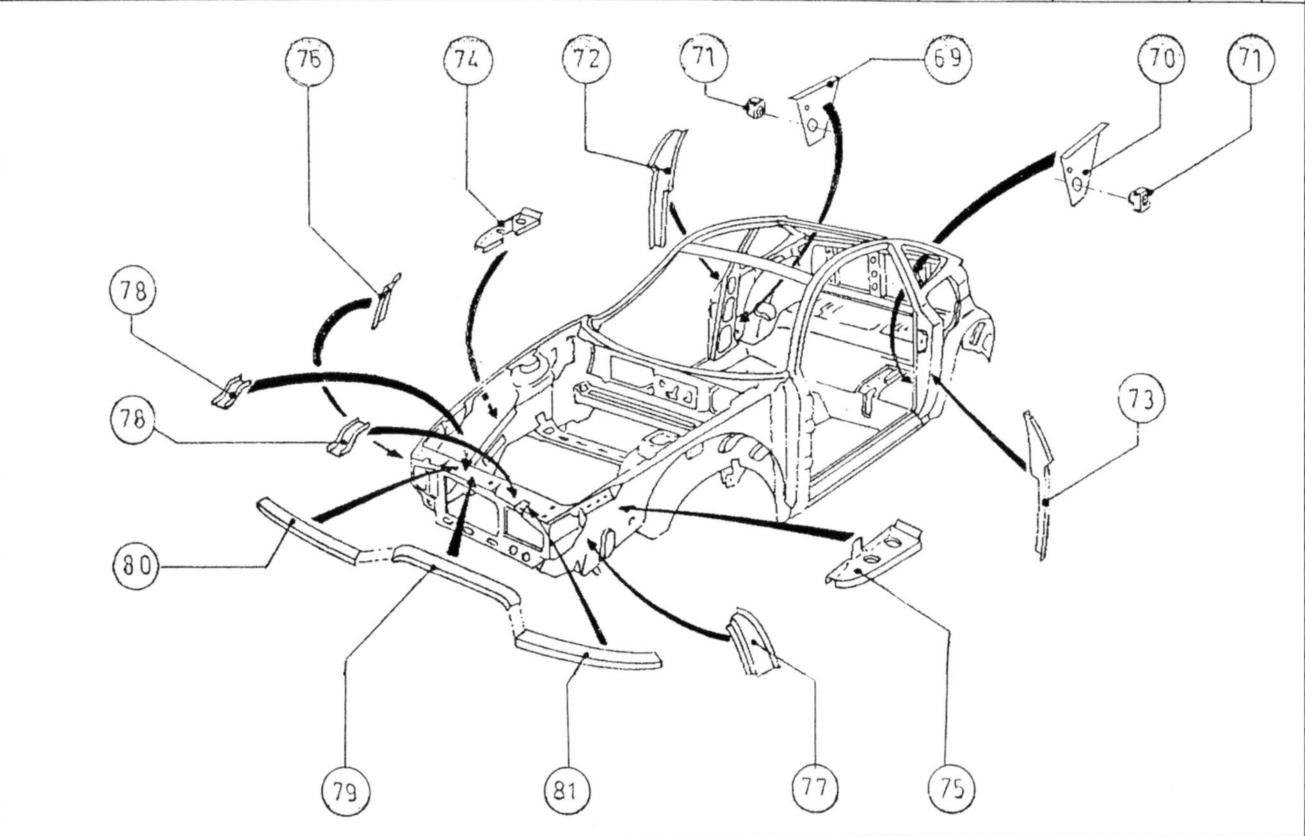

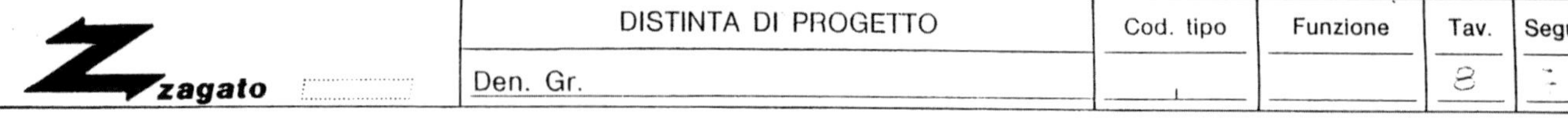

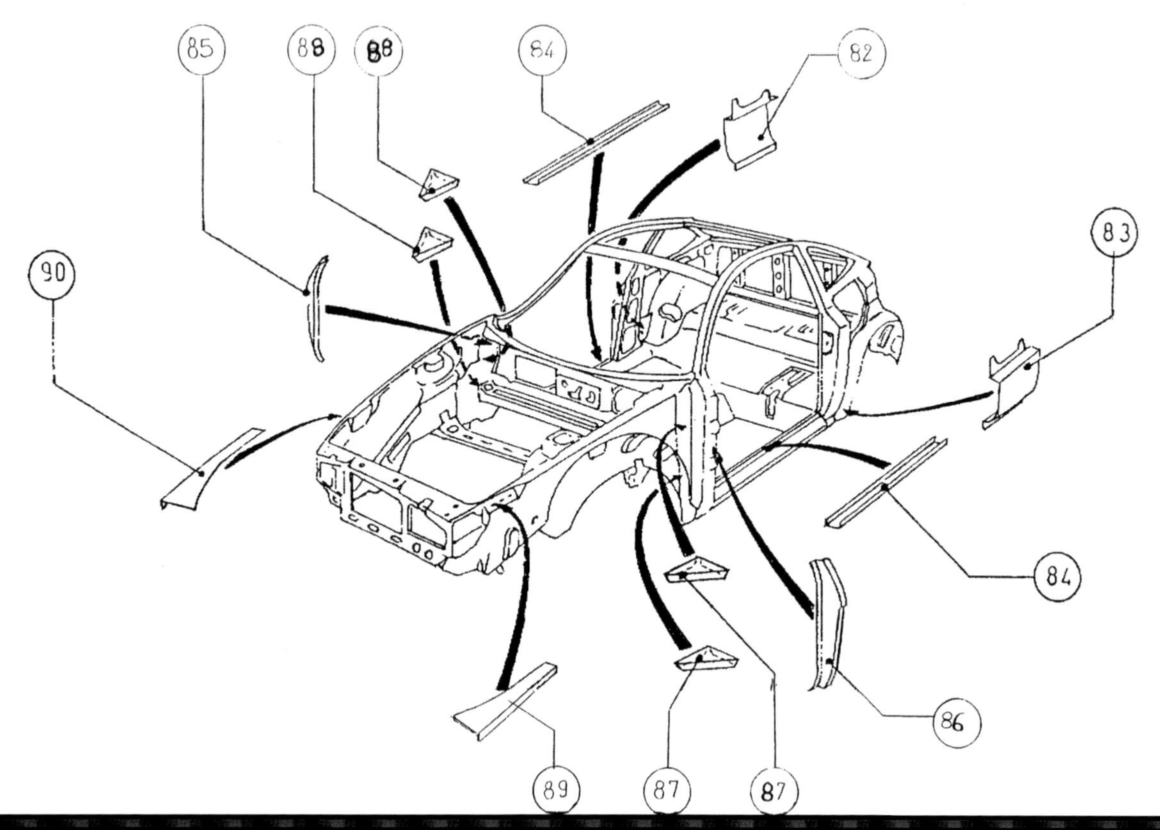

Zagato

DISTINTA DI PROGETTO	Cod. tipo	Funzione	Tav.	Segu
Den. Gr.			8	

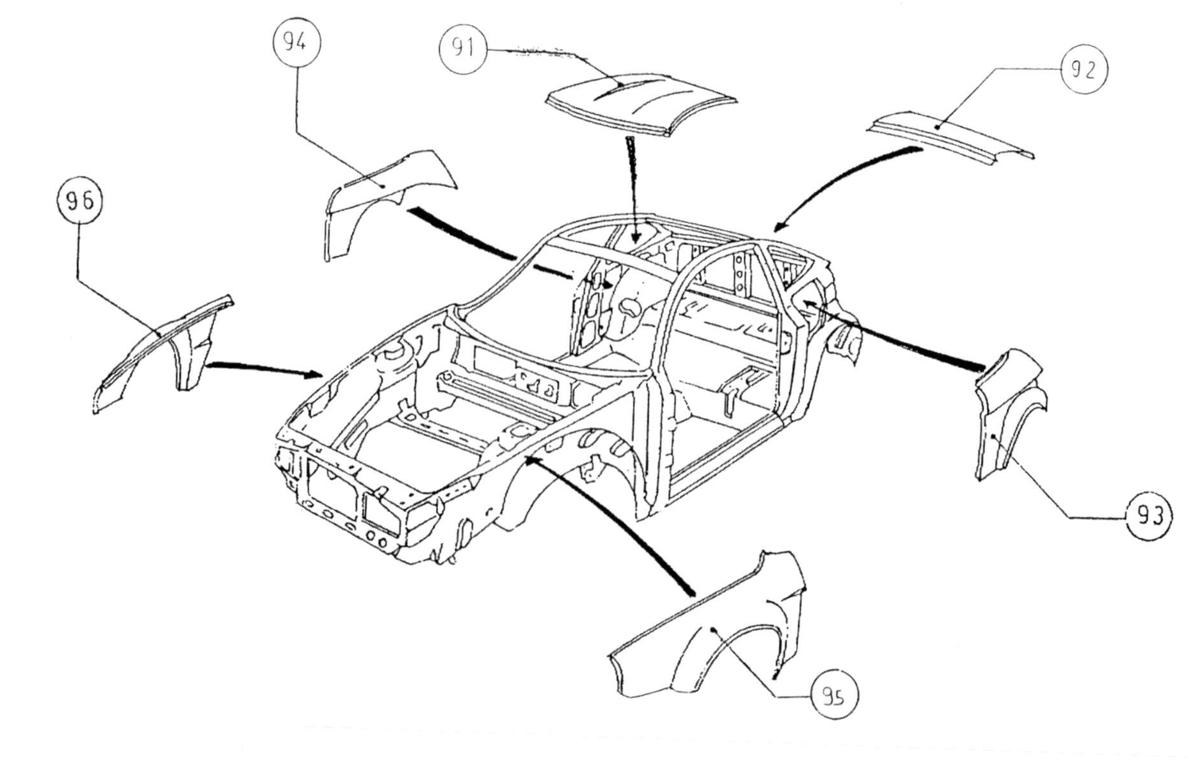

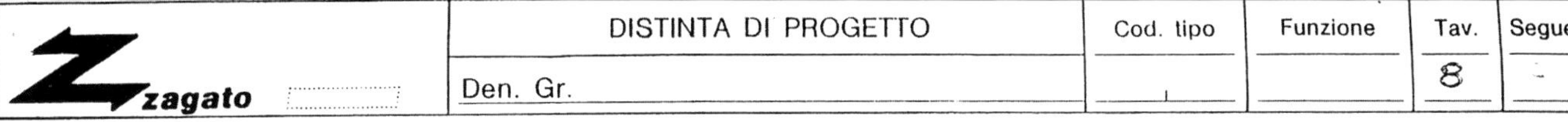

zagato	DISTINTA DI PROGETTO	Cod. tipo	Funzione	Tav.	Segue
	Den. Gr.			8	-

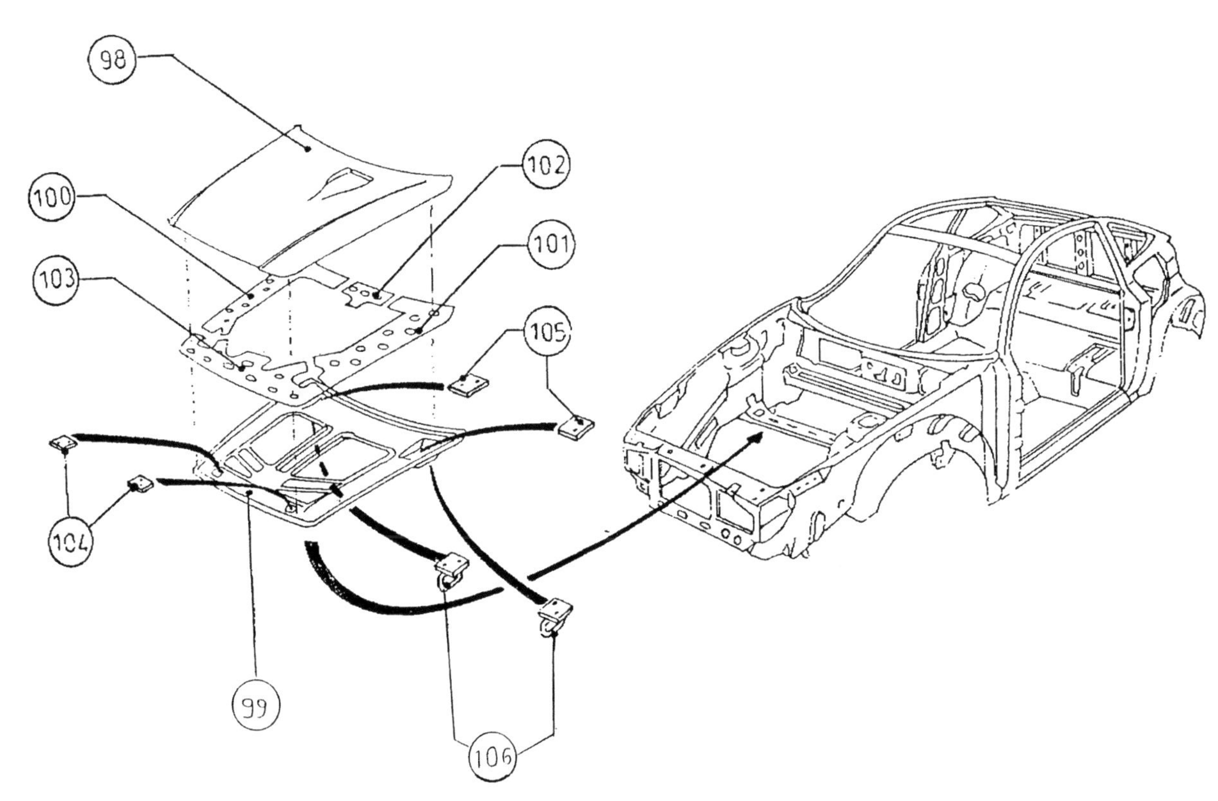

zagato	DISTINTA DI PROGETTO	Cod. tipo	Funzione	Tav.	Segue
	Den. Gr. HYENA	LZ 1	TEL	07	0

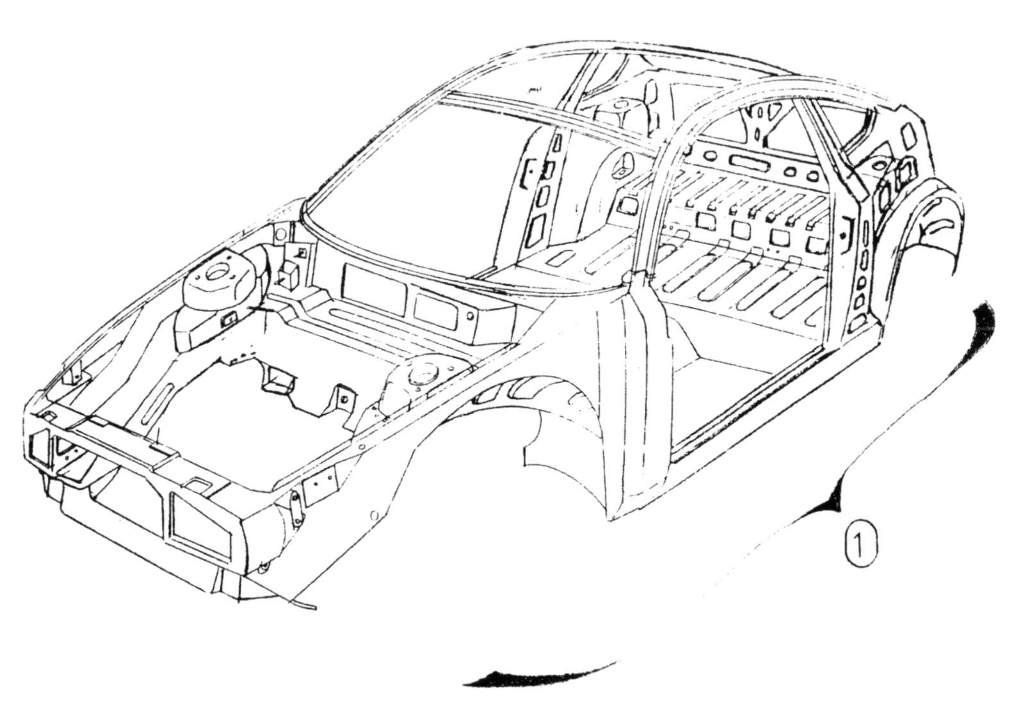

Tavola Drawing	Posizione Pos.	Codice Code	Denominazione Denomination	Quantità/Vettura Quantity/Car	Note Note
1	1	8000	Vettura completa Complete car	1	
2	4	8013	Mascherina anteriore completa Complete front grille	1	
6	4	8028	Fanalino posizione + freccia anteriore (destra/sinistra) Sidelight and front indicator (right/left)	2	
5	1	8033	Cintura di sicurezza completa destra Complete seat-belt right	1	
5	1A	8034	Cintura di sicurezza completa sinistra Complete seat-belt left	1	
2	2	8037	Metacrilato coprifari anteriore destro Metacrylic headlamp cover right	1	
2	3	8038	Metacrilato coprifari anteriore sinistro Metarcrylic headlamp cover left	1	
2	9	8039	Metacrilato coprifari posteriore destro Metacrylic rear light cover right	1	
2	9	8040	Metacrilato coprifari posteriore sinistro Metacrylic rear light cover left	1	
2	8	8041	Specchio retrovisore esterno sinistro External rear-view mirror left	1	
2	8A	8046	Specchio retrovisore esterno destro (optional) External rear-view mirror right (optional)	1	
6	1	8179	Proiettore abbagliante destro/sinistro Main beam lamp right/left	2	
6	2	8180	Proiettore anabbagliante destro/sinistro Dipped lamp right/left	2	
4	14	8042	Molure per raschiavetro interno porta destro Interior door window trim right	1	
4	15	8043	Molure per raschiavetro interno porta sinistro Interior door window trim left	1	
4	12	8044	Molure per raschiavetro esterno porta destro Exterior door window trim right	1	
4	13	8045	Molure per raschiavetro esterno porta sinistro Exterior door window trim left	1	
3	3	8091	Rivestimento esterno porta destro External door panel right	1	
3	3A	8092	Rivestimento esterno porta sinistro External door panel left	1	
3	2	8093	Ossatura porta (cartella) destra Door frame (cartella) right	1	
3	2A	8094	Ossatura porta (cartella) sinistra Door frame (cartella) left	1	
3	4	8095	Struttura interna porta (carrier completo) destra Internal door structure (complete carrier) right	1	

Tavola Drawing	Posizione Pos.	Codice Code	Denominazione Denomination	Quantità/Vettura Quantity/Car	Note Note
3	4A	8096	Struttura interna porta (carrier completo) sinistra Internal door structure (complete carrier) left	1	
4	2	8097	Cristallo scendente porta destra Wind-down door window glass right	1	
4	2A	8098	Cristallo scendente porta sinistra Wind-down door window glass left	1	
4	3	8099	Cristallo voletto anteriore destro Butterfly window glass front right	1	
4	3A	8100	Cristallo voletto anteriore sinistro Butterfly window glass front left	1	
4	12	8101	Cristallo voletto posteriore destro Butterfly window glass rear right	1	
4	12A	8102	Cristallo voletto posteriore sinistro Butterfly window glass rear left	1	
4	1	8103	Cristallo parabrezza Windscreen glass	1	
4	11	8104	Cristallo lunotto Rear screen glass	1	
2	11	8121	Bocchettone carburante completo di tappo Fuel filler complete with cap	1	
5	7	8147	Voltmetro (fondo bianco) Voltmeter (white face)	1	
5	8	8148	Indicatore pressione olio (fondo bianco) Oil pressure gauge (white face)	1	
5	9	8149	Indicatore pressione turbo (fondo bianco) Turbo pressure gauge (white face)	1	
5	3	8150	Indicatore livello carburante (fondo bianco) Petrol gauge (white face)	1	
5	6	8151	Indicatore temperatura acqua (fondo bianco) Water temperature gauge (white face)	1	
5	5	8152	Contagiri (fondo bianco) Rev counter (white face)	1	
5	2	8153	Tachimetro (fondo bianco) Speedometer (white face)	1	
5	4	8154	Orologio (fondo bianco) Clock (white face)	1	
6	3	8172	Fanalino posteriore stop/posizione destro Rear brake/sidelight cluster right	1	
6	3A	8173	Fanalino posteriore stop/posizione sinistro Rear brake/sidelight cluster left	1	
6	5	8174	Indicatore direzione posteriore destro Rear indicator right	1	
6	5A	8175	Indicatore direzione posteriore sinistro Rear indicator left	1	

Tavola Drawing	Posizione Pos.	Codice Code	Denominazione Denomination	Quantità/Vettura Quantity/Car	Note Note
6	6	8176	Fanalino retromarcia Reversing light	1	
6	7	8177	Fanale retronebbia Rear foglight	1	
6	8	8178	Luci targa Number plate lights	2	
7-8	1	8047	Scocca grezza completa Complete unpainted shell	1	
	1	8060	Ossatura fiancata destra completa Complete right-hand frame	1	
	2	8061	Ossatura fiancata sinistra completa Complete left-hand frame	1	
	3	60551040	Ossatura superiore traversa superiore parabrezza Upper frame upper windscreen cross member	1	
	4	60550963	Ossatura inferiore traversa superiore parabrezza Lower frame upper windscreen cross member	1	
	5	60551605	Ossatura superiore traversa superiore lunotto Upper frame upper rear screen cross member	1	
	6	60550964	Ossatura inferiore traversa superiore lunotto Lower frame lower rear screen cross member	1	
	7	8027	Ossatura esterna inferiore lunotto Lower external rear screen frame	1	
	8	8026	Ossatura interna inferiore lunotto Lower internal rear screen frame	1	
	9	60550967	Curvano anteriore Front cowl	1	
	10	60551258	Tubo collegamento montanti parabrezza Windscreen pillars connecting tube	1	
	11	8036	Collegamento inferiore curvano e parafiamma destro Lower cowl and firewall link right	1	
	12	8035	Collegamento inferiore curvano e parafiamma sinistro Lower cowl and firewall link left	1	
	13	60551390	Aletta destra contenimento parabrezza Windscreen retaining flap right	1	
	14	60551104	Aletta inferiore contenimento parabrezza Lower windscreen retaining flap	1	
	15	60551391	Aletta sinistra contenimento parabrezza Windscreen retaining flap left	1	
	16				
	17	60551106	Aletta contenimento vetro laterale posteriore destro Rear side window retaining flap right	1	
	18	60551107	Aletta contenimento vetro laterale posteriore sinistro Rear side window retaining flap left	1	

Tavola Drawing	Posizione Pos.	Codice Code	Denominazione Denomination	Quantità/Vettura Quantity/Car	Note Note
	19	8032	Collegamento tra piantone ant. e fiancata anteriore est. destro Link between A pillar and front external side panel right	1	
	20	8031	Collegamento tra piantone ant. e fiancata ant. est. sinistro Link between A pillar and front external side panel left	1	
	21	8062	Rinforzo parte inferiore montante anteriore destro Reinforcement lower A pillar right	1	
	22	8063	Rinforzo parte inferiore montante anteriore sinistro Reinforcement lower A pillar left	1	
	23	8064	Collegamento curvano e montante anteriore destro Link between cowl and A pillar right	1	
	24	8065	Collegamento curvano e montante anteriore sinistro Link between cowl and A pillar left	1	
	25	8066	Rinforzo tubolare piantone anteriore A pillar tubular reinforcement	2	
	26	8067	Completamento inferiore parafango anteriore destro Front wing valence panel right	1	
	27	8068	Completamento inferiore parafango anteriore sinistro Front wing valence panel left	1	
	28	8069	Canalina destra vano motore Engine bay sinistra channel	1	
	29	8070	Canalina sx vano motore Engine bay left channel	1	
	30	8071	Canalina anteriore vano motore Engine bay front channel	1	
	31	8074	Tubo scarico acqua su canalina anteriore vano motore Drainage tube engine bay front channel	2	
	32	8075	Completamento traversa anteriore vano motore Engine bay cross member valence panel	1	

Bibliografia/ Bibliography

Werner Blaetter, *Lancia Delta HF Integrale. Storia di un'auto di successo*, Giorgio Nada Editore

Joanne Marshall, *Zagato, 1990-2000*, Giorgio Nada Editore

Andrea Zagato-Paolo Di Taranto, *Zagato 1919-2009*, Giorgio Nada Editore

Martin Buckley, *Cars of the super rich, the opulent, the original and the outrageous*, Motorbooks International

Phil Ward-Brian Long, *Twin-cam Italia*, MRP Publishing

AA.VV., *Zagato oltre*, numeri 2-3, Giorgio Nada Editore

"*Se l'abito è di Z*", in Autocapital n. 11-1992

"*Lancia Zagato Hyena*" in Autosport Magazine, gennaio/January 1992

"*Special Italie: Bizarres*", in Automobiles classiques, n. 55-1993

"*Het voorbeeld*", in Auto Visie, ottobre/October 1992

"*Zinnenstrelend*", in Auto Visie, n. 11-1993

"*Lancia Hyena Beestachtig*", in Auto Design, n. 3, settembre/September 1993

"*Lancia Hyena, Delta con rabbia*", in Quattroruote, n. 3 marzo/March 1992

"*At last*", in Lancia Motor Club Journal, n. 93, 1992

"*Ruf der wildnis*" in Rallie Racing n. 5, maggio/May 1992

"*Animal Cracker*", in The Marque, rivista ufficiale Lancia inglese, primavera/spring 1993

"*Z Alert*", in Car, gennaio/January 1993

"*Ride, ma con classe*", in Starter, febbraio/February 1993

"*Animal Magic*", in Classic and Sport Cars, marzo/March 1993

"*Future Classic*", in Classic and Sport Cars, luglio/July 1993

"Lancia Super Coupé comes to Britain", in Autocar and Motor, marzo/March 1993

"Retro Rocket" in Autocar and Motor, marzo/March 1993

"*HYENA!*" in Sport Cars International, settembre/September 1993:

"*Integrale. Only more so*", in Performance Car, settembre/September 1993

"*Zeit-zeichen*", in Sport Auto, febbraio/February 1994

"*Lancia Hyena Zagato, the concept of building a sporting body for the butch Delta Integrale was inspired, but the project was not to be...*", in Auto Italia, dicembre/December 2001

"*Lancia Motor Club*" in Auto Italia, gennaio/January 2010

"*Una Iena da strada*" in Quattroruote Collection, 2014

Finito di stampare/*Printed by*

D'AURIA PRINTING SPA - ASCOLI PICENO

Novembre/*November* 2015